서울대생 100인의
시크릿 다이어리

하루 10분, 성적을 올리는 전략적 작전 타임

서울대생 100인의 시크릿 다이어리

《 양현·조준희 지음 》

RHK
알에이치코리아

꿈을 현실로 만드는 다이어리

"꿈을 날짜와 함께 적어놓으면 목표가 되고,
목표를 잘게 나누면 계획이 된다.
계획을 실행에 옮기면 꿈이 현실이 된다."

· · ·

다이어리는 바로 꿈, 목표, 계획을 적어놓는 곳이다. 다이어리를 일기장과 같다고
생각하는 사람들이 많지만, 사실 다이어리는 인생의 청사진과 큰 그림을 그리는
나만의 공간, 학습 계획표 또는 플래너, 가계부, 메모장 및 질문 노트 등 다양한
용도로 폭넓게 활용될 수 있는 효과적인 도구이다. 우리가 다이어리에 주목하는
이유는, 다이어리 활용 속에 특별한 비밀이 숨겨져 있다고 믿기 때문이다.

우리는 수많은 서울대생들을 만나 대화하면서, 그들이 입시 관문의 최정상을 뚫
을 수 있었던 비결이 무엇일까 궁금했다. 공부법, 노트 정리, 자기주도학습, 자기
관리 등 다양한 비결이 존재했지만, 놀랍게도 '다이어리 작성'이라는 숨겨진 노하
우를 발견하고 이를 깊게 알아보았다. 실제로 100명이 넘는 서울대생들을 만나
그들이 제공한 120여 개의 다이어리를 분석했고, 그 결과 공통적으로 발견되는
핵심 요소들을 발견할 수 있었다. 이를 크게 목표 설정과 동기부여, 계획과 성취
도, 자기 분석과 학습 전략 등 세 단계로 분류했고, 다시 15가지 액션으로 세분
화하여 서울대생들이 다이어리를 어떻게 효과적으로 활용했는지를 실제 사례와
함께 상세히 다루었다.

물론 100여 명의 서울대생들의 다이어리를 분석한 결과가 서울대생 전체의 일반적인 특성을 보여준다거나 또는 확실한 성공 비결을 직접적으로 제시한다고 말하기는 어렵다. 그러나 그들은 공통적으로 다이어리가 자신의 성적 향상과 동기부여에 절대적인 도움이 되었다고 말했다. 이 책에 실린 다이어리들의 분석과 실제 사례를 통해 서울대생들의 학창시절 삶과 노력을 생생하게 엿보면서 자신이 나아가야 할 방향을 설정하는 데 도움이 되리라 확신한다.

어제보다 더 나은 하루를 살고 싶다면, 이전보다 더 생산적이고 발전적인 내일을 맞이하고 싶다면, 나아가 성장하는 자신의 모습을 보며 만족감을 느끼고 싶다면, 서울대생들의 땀과 흔적이 오롯이 담긴 다이어리들을 하나씩 관찰하고 직접 다이어리를 작성해보자. 다이어리 작성이라는 작은 변화가 큰 차이를 만들어낼 수 있다. 다이어리는 최적화된 학습을 위한 훌륭한 도구이자 자기 성장의 열쇠이며, 성적 향상의 지름길이기 때문이다. 이제는 다이어리를 통해 작심삼일(作心三日)에서 벗어나 진정한 뿌듯함을 느끼는 한 해를 보내자!

양현, 조준희

목차

프롤로그 꿈을 현실로 만드는 다이어리

PART 01   서울대생들의 다이어리는 특별하다

021   서울대생들의 공부 비밀: '자기 성장 중독'
022   '자기 성장 중독'의 지표는 다이어리
024   다이어리 작성에 대한 고정관념
028   서울대생들의 다이어리 작성 3대 원칙
032   다이어리를 활용해야만 하는 5가지 이유

034   **스페셜 인물 인터뷰1 수능 만점자 2인**
       김홍준 (서울대학교 경제학과 12학번), 조세원 (서울대학교 경영학과 14학번)

PART 02   서울대생들처럼 다이어리 활용하기

043   일반 학생과 서울대생의 하루 비교
044   서울대생들의 다이어리 작성 3단계 사이클

Step 1. 목표 설정과 동기부여

| 장·단기 목표 설정 |

046   목표가 없는 사람은 열정적으로 움직일 수 없다
047   단기적 성취 경험을 반복하는 것이 중요하다

048   ACTION 1 열정과 설렘을 주는 장기 목표를 수립하자
050   ACTION 2 성취감을 느낄 수 있는 단기 목표를 수립하자

054   시크릿 다이어리 인물 인터뷰 ❶
      가슴 설레는 대학 목표를 세우자! 서울대학교 국어교육과 13학번 김보미

| 동기부여 |

056   작심삼일을 넘어서 공부의 매력을 발견하자

058   ACTION 3 명언과 자기 격려로 마인드컨트롤을 하자
062   ACTION 4 놀고 싶은 유혹은 위시 리스트를 만들어 이겨내자

064   시크릿 다이어리 인물 인터뷰 ❷
      가상 합격증으로 동기부여를 하자! 서울대학교 경제학과 10학번 원현호

Step 2. 계획과 성취도

| 세부 계획 수립 |

066   구체적이고 마감기한이 분명한 계획은 집중력을 높인다

068   ACTION 5 변명할 수 없도록 학습량은 숫자로 계획하자
070   ACTION 6 촘촘한 시간 계획을 세워 시간 낭비를 줄이자
074   ACTION 7 꾸준한 학습을 위해 매일 일관된 목표 항목을 만들자

076   시크릿 다이어리 인물 인터뷰 ❸
      구체적인 페이지 수까지 디테일하게 계획을 세우자
      서울대학교 전기정보공학부 11학번 정서희

| 성취도 측정 |

078   객관적인 데이터로 자신을 냉정하게 평가한다

080   ACTION 8 실행 여부를 표시하고 만회 계획을 수립하자
084   ACTION 9 목표 성취도를 세분화하여 기록하자
086   ACTION 10 순수 공부 시간을 측정하고 통계화 하자

088   시크릿 다이어리 인물 인터뷰 ❹
      스톱워치로 내 노력을 측정하자 서울대학교 인문계열 14학번 최예진

Step 3. 자기 분석과 학습 전략

| 자기 분석 및 파악 |

090 스스로 질문을 던지고 대화하며 자기 자신을 분석한다

092 ACTION 11 정말 '최선'을 다했는지 스스로에게 물어보자
094 ACTION 12 자신의 문제점과 약점을 발견하는 질문을 하자
096 ACTION 13 자신의 잘한 점과 강점을 발견하는 질문을 하자

098 **시크릿 다이어리 인물 인터뷰 ❺**
하루 한 줄 평으로 자신을 평가하자 서울대학교 재료공학부 10학번 승현찬

| 학습 전략 수립 |

100 약점에 집중하고 시행착오의 반복을 통해 자신만의 공부 전략을 완성한다

102 ACTION 14 헷갈리는 내용이나 질문은 수시로 메모하자
104 ACTION 15 과목별 약점을 보완하는 구체적 학습 전략을 세우자

108 **시크릿 다이어리 인물 인터뷰 ❻**
시험 후 냉정한 자기 분석으로 학습 전략을 세우자
서울대학교 인문계열 14학번 박초흔

110 **서울대 다이어리 비밀 통계**

114 *스페셜 인물 인터뷰 2* 〈도전! 슈퍼모델 코리아 4〉 출연자
황현주 (서울대학교 체육교육과 10학번)

PART 03 서울대생들의 독특한 다이어리 엿보기

120 200% 활용 다이어리 서울대학교 불어불문학과 11학번 이희수
124 단기 프로젝트용 다이어리 서울대학교 물리교육과 10학번 이승헌
130 10년 작성 다이어리 서울대학교 생명과학부 11학번 김지윤
136 부담 없이 만드는 포스트잇 다이어리 서울대학교 체육교육과 14학번 김다솔
140 꾸미면서 스트레스를 해소하는 다이어리 서울대학교 인문계열 14학번 최고은
146 자신과의 대화 창구, 다이어리 서울대학교 기계항공공학부 09학번 이혁
150 삶에 대한 깊은 고민이 담긴 다이어리 서울대학교 에너지자원공학과 13학번 조우성

154 *스페셜 인물 인터뷰 3* 〈히든 싱어〉 출연 서울대 휘성
박준영 (서울대학교 전기정보공학부 08학번)

158 **Thanks to 다이어리를 제공해 준 100명의 서울대생들**

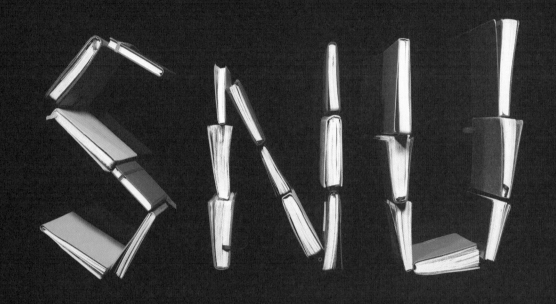

Fireflies / Between the Bars / Hands on the Radio
크리스 가르노

MON 1.21
☑ 수능적 해석 - 고전이
☑ 군현대사

TUE 1.22
옆에다 쓰면 모자라겠지? 그니까 여기부터 쓸거야
진짜 내가 하나 까먹은 게 있어.. 정말 좋좋 밴드야
Travis - Closer → 진짜 이노래가 최고야.. 개처음
Happy, Writing To Reach you, Luv

WED 1.23
얘비 한국 왔을 때 사람들이 좋아비행게 날리는 거 이벤트 했었는데
꼭 봐라!! 노래도 Closer 부를 때겪었어 아 점점 글씨가..
내 기력이 딸리나봐.. Foster the people - Call it what you want
이거 ㅋㅋㅋ 내가 쩐에 너한테 해석 물어본거.. 노래에 계속

THU 1.24
나오는데 너무 궁금해요.. 영어영부 ?? 노래 들으면서
네이버에 해석 찾아부는데 너무 비참하게 주여
켈리 클락슨 - I Forgive You, Darkside
영어로 안써도 알아뿌겠지? 나 뭐라나 사실 나 지금 이거

FRI 1.25
쫌 의식의 흐름대로 쓰는거다 마리에 딕비- Wait for Love
이 노래 참 좋아요 친에서 워어 갔다가 무슨 가게 들갔는데
아끼 나오는거야.. 좋좋 네이버에 쩌는듯 /세상 정말 좋아졌다
나 옛날엔 안들리는 귀로 노래 들으면서 단어 하나하나에

SAT 1.26
귀 기울이면서 네이버에 검색했었요 .. 지식인도.. 비참하다
트레비스 Luv도 그렇게 알아낸거나 ㅋㅋㅋ 생각해보니.. 졸귀
중학생 때.. 중학생 때 하니까 떠오른다 Corrinne May - Shelter
가수 이름이 생각 안나서 네이버에 쳐봄.. 무슨 TV프로에 5초나온거

SUN 1.27
졸나 찾아허맸었네ㅋㅋㅋ 내 의지를 칭찬해달라 너 쫌 음을한
노래 좋아하냐? 난 좋아한다 Chris Garneau - Relief
Savina & Dronenz - Stay 시발!! 스펠링 틀림...
Drones 이거다.. ☺ 죽거야지 :: 사실 앞에 공간이 없어서

추가로 못쓰겠다 오아시스 - Stand By me 그리데이- Good
군데 너 그거 아냐? 이건 사실 노래추천을 가장한 편지이긴 걸..
깨달음. 이제 25분 남았다 아 여기 다 못채울 것 같아 ㅠㅠ 땅남
VMV Nation - Illusion 저타 난 이런 노래가 좋아 그러므로
Coldplay - Yellow, Don't Panic, Fix you, In My Pla
Paradise, Sparks, Viva la Vida 이쯤
방금 내 노래폴더 보니까 알려주고 싶은 거 개많다.. 미카노래
짱많다. 마룬파이브도 너도 다 알 것 같아 아 맞아 이게 있있
People Help the People 이거 Birdy 라는 여자애가 부른 건데
유튜브에서 동영상 올린 Leroy Sanchez 가 부른 버전이 더 좋아
Calvin Harris - Feel so Close, Delta Goodem - In this
Rogue Wave - Eyes 곧 끝날 때가.. 다가오고 있다. 당황스럽
안남... 이 노래는 참 신나 Cobra Starship -Good girls g
The Script - Hall of Fame 이거도 좋음! 내가 이렇
열심히 썼는데 추천이 아니라면 너무 아쉬울거야 왠지 너도 맨
T-pain
릴리 알렌 - 5 O'Clock, Fuck you 또 뭐 있었는데 개같이
Fuck You는 내가 너에게 해주고 싶은 말이기도 해 :)
맞아!!! 아울 시티 노래도 쩐다 조은 거 많음다 좋음다 >
나 너무 다급해 지금.. 고티에도 좋아 ㅠㅠ Somebody that I us
저어요 아 비욘서 I was here 도.. 마룬파이브 노래나 쓰고 끝
She will be loved, Tickets, If I Never See Your Face A
Lucky Strike, Makes Me Wonder, Misery, Runa
September 은 꼭 들어봐 지구, 바람&불의 노래야 안녕!!

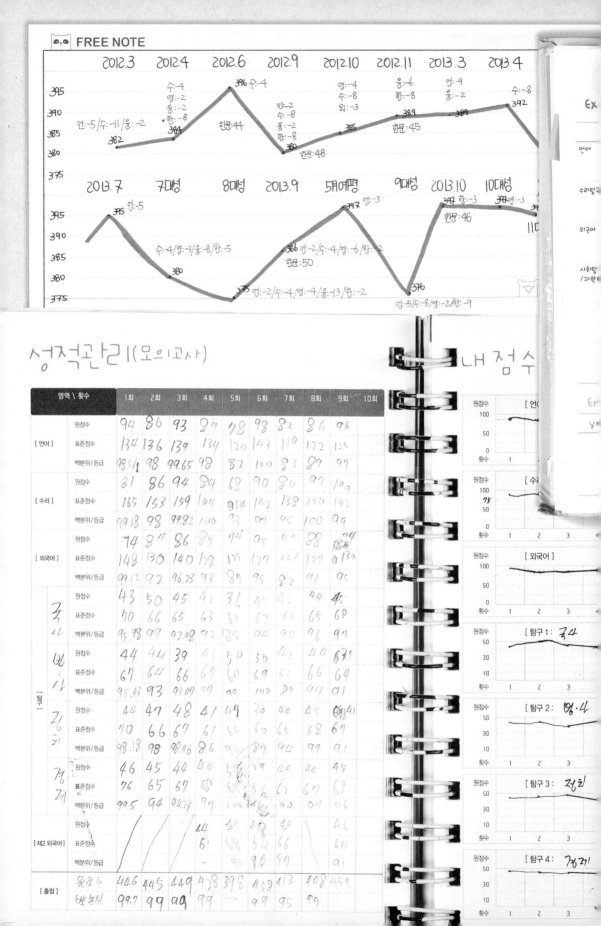

FREE NOTE

| 2012.3 | 2012.4 | 2012.6 | 2012.9 | 2012.10 | 2012.11 | 2013.3 | 2013.4 |

(그래프: 382 → 384 → 396(수:-4) → 380 → 385 → 389 → 389 → 392)

메모: 언:-5/수:-1/윤:-2, 한문:44, 수:-4 영:-2 윤:-2 한:-8, 영:-2 수:-8 윤:-2 한:-8, 한문:48, 영:-4 수:-8 외:-3, 윤:-6 한:-8, 영:-9 윤:-2, 한문:45, 수:-8

| 2013.7 | 7대병 | 8대병 | 2013.9 | 5월예평 | 9대병 | 2013.10 | 10대병 |

(그래프: 395(영:-5) → 380 → 375 → 386 → 397 → 376 → 395 → 395)

메모: 수:-4/영:-3/윤:-8/한:-5, 영:-2/수:-4/영:-6/한:-2 한문:50, 영:-2/수:-4/영:-4/윤:-3/한:-2 한문:46, 영:-3, 한:-3, 영:-3, 영:-5/수:-8/영:-2/한:-9

성적관리(모의고사)

영역 \ 횟수		1회	2회	3회	4회	5회	6회	7회	8회	9회	10회
[언어]	원점수	94	86	93	89	78	98	82	86	96	
	표준점수	134	136	139	134	120	143	119	122	125	
	백분위/등급	98.5/1	98	99.65	98	82	100	83	89	97	
[수리]	원점수	81	86	94	84	68	90	80	97	100	
	표준점수	165	153	159	144	1?4	142	139	150	142	
	백분위/등급	99.18	98	99.82	100	93	97	95	100	99	
[외국어]	원점수	74	87	86	85	74	95	78	88	99	
	표준점수	148	130	140	128	125	127	121	127	130	
	백분위/등급	99.12	92	96.23	93	89	95	82	91	95	
[탐] 국사	원점수	43	50	45	42	31	42	42	44	45	
	표준점수	40	66	65	63	62	62	66	65	68	
	백분위/등급	95	98	99	97.48	92	85	94	94	96	97	
영사	원점수	44	44	39	43	50	56	42	44	63?	
	표준점수	67	64	66	67	64	69	62	66	64	
	백분위/등급	95.43	93	93.07	97	99	100	89	97	91	
김지	원점수	44	47	48	41	49	39	44	45	42	
	표준점수	70	66	67	61	66	60	65	68	67	
	백분위/등급	98.18	98	98.46	86		89	94	99	91	
경제	원점수	46	45	44	44	5?	39	44	44	45	
	표준점수	76	65	67	68		56	64	67	68	
	백분위/등급	99.5	94	94.73	97	100	84	90	97	96	
[제2외국어]	원점수				44	39	45	42		46	
	표준점수				61	68	54	66		64	
	백분위/등급				-	95	90	97		91	
[총점]	횟점수	446	445	449	428	398	458	413	408	459	
	백분위	99.7	99	99	99	-	99	95	99		

내 점수

| | [언어] |
| 원점수 100 / 50 / 0 | |

| | [수리] |
| 원점수 100 / 75 / 50 / 0 | |

| | [외국어] |
| 원점수 100 / 50 / 0 | |

| | [탐구1: 국사] |
| 원점수 50 / 30 / 10 | |

| | [탐구2: 영사] |
| 원점수 50 / 30 / 10 | |

| | [탐구3: 정치] |
| 원점수 50 / 30 / 10 | |

| | [탐구4: 경제] |
| 원점수 50 / 30 / 10 | |

모의고사   점수표

난 사실 내신보단
모의고사에 강하지ㅓ
나겐 나젠

3 /10		4 /13		6 /10		과목	7 /13		9 /2		10 /14	
		〈목표〉	〈당성〉	〈목표〉	〈달성〉		〈목표〉	〈달성〉	〈목표〉	〈달성〉	〈목표〉	〈달성〉
85 ②		95	79 ②	95	94 ①	언어	100	91	100			
50 ③		70	81 ①	85	92 ①	수리탐구	90	84	90			
00 ①		100	98 ①	100	97 ①	외국어	100	100	100			
41 ②		50	45 ①	50	45 ①	사회탐구 /과학탐구 윤리	50		50			
44 ②		45	39 ③	50	36 ③	국사	40		45			
38 ②		45	40 ①	50	39 ①	한지	40		50			
40 ②		50	48 ①	50	39 ①	근현	50		50			
ning 영어 듣기 평가					50 ①				50			
						날짜						

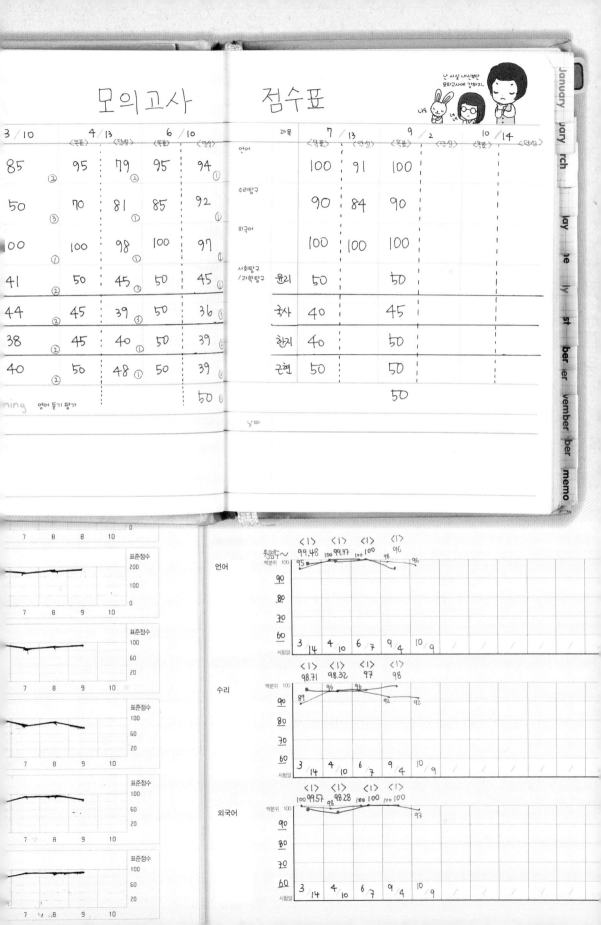

ㅠㅠ ㅠㅠ ㅠㅠ ㅠㅠ 웃어지지 않는다.

잘 웃는 나였는데. 항상 웃고 다니는 나였는데. 이젠 어색
한 미소만이 지어진다. 입은 웃고 있지만 눈에선 눈물이
떨어질 것 같다. 어제는 물벼락도 맞았다. 내 마음이 완전
너덜너덜 해져서 재생할 수 없을 것만 같다. 제발 예전을
다시 예전처럼 행복하게 살 수 있을까? 난 잘 모르겠다.
내가 무얼 원하는지도 모르겠다. 원하는 것이 있긴 한가?
순대를 먹고 싶다. 이거요... 요즘엔 욕구가 먹을거밖에 없다.
이래서 이게 싫어서 나는 중학생 때부터 확실한 목표를
잡기위해 노력해왔는데 결국 고3인 아니 초딩때부터
지금 내가 꿈꾸는 건 없다. 김이 모락모락 피어오르는
순대만 떠오를 뿐. 공부하는 이유? 이유 따윈 없다.
중학생~고1 까지는 공부가 재밌어서 했다. 고2때
흥미를 잃었고, 고3인 지금은 여태까지 해온게 아까워
서.. 엄마 때문에 다른 사람들 때문에 하는 거다
이렇게 슬픈 인생이 있다니!!

가끔씩, 너무
공부는 해야겠
머리가 그걸

종이 밥을 씹어
머리는 가득찬

안하면 후회한
머리는 거북

그럼자꾸
폭발한 다

🍃 The message
    from nature

자고 보자도 않다. 내가 한女씨 집안가 어떻게 해서 이렇게 극과 극인 집안이
되었는지는 몰라도 이번만큼은 지지 않을 것이다. 공부에서 랜스랑과 스키에서 랜스몽과
싸우고 있는 나!! 어쩌면 어느 누구도 말릴 수 없는 나.!! 이런 나의 정신이라면 이세상
그 무언도 두렵지 않다. 선생님.!! 기다리세요. 저 앞으로 정말 열심히 해서 선생님
실망시키지 않는 선생님의 사랑스런 제자로 돌아갈게요 ♡

* his toning *

* 공통된 나쁜점: 거북걸음 바로바로 가르키지 못한다.

         골반(상체방향)이 틀려져 있다.

* 나만의 나쁜점: 골반이 너무 뒤로 가있다. → 그렇기 때문에 뭅의 각을 넣지 못한다.

O 바른자세   X 내 자세

* 이 두 그림의 차이점
첫번째 그림은 내 골반이 앞에 있고 뒤로 쏟지 않았고
두번째 그림은 상체가 젖히지도 않고 정상이 되어 있으며
두로 S게 되는 현상이 나타난다.

↱ 이런 자세가 된다면 어떠한 문제점이 생길까...?

상체가 젖혀지 않으므로써 중심이 두텁게 되고, 중심이 뒤로 가므로써 두로 적게 S게
되고, 두로 주지 않게 되므로써 묎의 각을 만들지 못하고, 뭅의 각을 만들지 못해서

2005년   10월   16일
컨디션:上   happen - 앞으로의
난 이제부터 서툰 삶을 살아가기 위해서
왔었는지 믿게 하기 싫고 절망(좌절)이다
맨바탕으로 해서 최고가 되기위해 노력할

2005년   10월   17일   月
컨디션:中   happen - 왜 또 예뻐가
정말 요즘 내가 나를 모르겠다. 요
4번은 더 걸린 것 같다. 그것도 ?
허약해져걸까? 요즘늘 학교에서 얼마 팔
내려져 않었다. 보고만 있던 엄마가
결과는 강가없다. 하지만 요즘 내가 걸린다
윗새끼 아프고 속이 쓰렸다. 또 무언
제발 아파봤으면.., 했지만 이제는 앞으로

2005년   10월   18일   火

2009. 3. 15 (일)

정우와 있다.

머리에 집어넣으면 넣을수록
더 이상 아무것도 넣을수가없다.

...고 마음은 아는데

...지고...

다시는 말하지 말아야겠다.
내 꿈, 불안, 걱정....
아무에게도

누구에게 기대 조금이나마
위안을 얻겠다는 생각
이젠 버려야겠다.

나는 희망을 찾고 많이 되는지는 몰라도
내 마음이 편해질수록
사람들 눈에 비친 나는 자꾸만
~~바보가~~ 바보가 되어가는데.

내 머리가, 팔다리가

NOTE

무슨 고민이 있는 거냐...? 왜 이렇게 쉽게 나서지 못하는거냐. 정말 내가 해야 되는게
무엇인지 느끼지 못하냐?.. 흠. 명심해라. 기회는 한번 뿐이다. 남은 날들을
얼마나 열심히, 효율적으로 보내느냐가 나의 일년간의 성적을, 앞으로의 내 인
생을 결정하게 될 것이다. 아다. 비록 힘들더라도 꿋꿋이 참고 이겨내야
한다는 것을. 그러나 그게 그렇게 쉬운 일이 아니기에 많은 사람들이
실패를 겪는다는 것도 알겠다. 그럼 내가 해야할 일은 무엇이지? 내
가 정말로 지금 해야하는 것은 무엇이지...? 그래, 바로 그거다. 최선을 다하는
것. 아쉬운 일년이 아닌, 보람찬, 뜻깊은 일년들 보내는 것이다. 잊지말자.
내가 지금 뭘해야 하고, 뭘 느껴야 하고, 뭘 생각해야 되는지... 그리고
힘내자! ^^

아.. 정말 집중 제대로 안 할거냐... 계속 마이너스 공부해서 성적만 떨어 뜨릴거면 차라리 집에
가서 잠이나 자던가 노래방이나 가서 놀아라. 아 정말.. 짜란나.. 흐아... 정말 집중해서 해야
만 하는데 축~ 늘어져서 뭐 하겠다는 거지... 후.. 일어나라! 깨어나! 힘내고 아자! 아자!^^
집중!~ ㅋㅋㅋ

아... 정말 똑같다. 모지리 나 자신을 이해할 수도 용서할 수도 없다. 뭘 어떻게 해야하는지 다시
이렇게 되면 어떡하라는 건지... 수능 때 또 이러는건 아닐지.. 정말 가슴이 답답하고 돌아 버리
겠다.. 정말 놓아버리겠고 미쳐버리겠다 어떻게 해야하지... 아.. 씨발 뭐가 이래..

My Soulmate..☆™

ㅋㅋㅋㅋㅋㅋㅋ 소울메이트ㅋㅋㅋㅋㅋㅋㅋ
되게 안친한 친구인것같고 좋지? ㅋㅋㅋㅋㅋ
내가 너를 위해 내 아끼는 식량을 나눠주겠어 ♡
난 아마 1004인듯 ^^v! 몰라도 되요흥
굵고 굶따워 먹냐.. 6시에 딱 나와라 글고 나오기
전에 어디 갈지 딱 정해놔 알았니? ㅋㅋㅋㅋ
나 또 오늘 샘한테 털림 ?ˇ 너는 수학쌤한테
잘털리길 바래 굵고 공부하다 졸면 끔어
한진숙 나오니까 좋지마 ^_^
그럼 6시에 딱 나올길 바래 ....
　　　　　　　- 1004 지수 -

✉뮤니
화요일에 재연이 필리핀 가는데
필요한 거 사러 가는 거 따라간
시내에서 덕텐 ^^!! 시험 끝나고
시내가서 니 2012년을 함께할
스케줄러 사놓고 해보러 가서 주려
고 했는데.. 이거 보자마자 안 살수
가 없어ㅠㅎ 딱 한 개 남았었어!!
근데 또 그거 아나.. 사니까 빨리주고
좋아하는 거 보고 싶음ㅋㅋㅋㅋ 진짜 난
성원이를 이해할 수가 없당ㅋ.ㅋ 순애보
주간이 왜 아니냐 물으면 나는 너
한테 할 말이 없음ㅎ 진짜 미안하
지만 쏠칸이 별로 없는 저 월간
스케줄러는 그냥 완전히 순도 100%
내 취향이당ㅋㅋㅋㅋㅋ 아 전짜 탐나삥

농담이고ㅋㅋ.. 어느새 두개째 쓰다닛
ㅠ.ㅠ 암튼 한 칸도 비우지 말고 잘 쓰
길 바란당 더 큰거 사주고 싶었는데
쓸 공간은 많아도 들고다니기 힘들것
같아서ㅠ.ㅠ 부담느끼지 말라고 내가
친절하게 가격표까지 똭!!! 붙여놔
똢!!!! 에이 ㅠㅠ 심심하당.. 자냥
?? 너 왜 일찍 자!! 나 심심해..ㅠㅠ
시험 공부 열심히 해랏.. 영어 120
받는 거 잊지 마 내 윤리 20 줄게
교환하자 ^^!! 으지라.. 암튼 난 다시
잉글잉글리시의 월드로 떠나겠당
2011년 거월 12월 5일 월요일 1:15
AM..
✉ 송명창보다 뮤니가 훨 좋아하는 덕양이

희수에게...
희수야 모두가 너에게
생일선물을 줄 때 난 데워
에서 조용히 지켜볼 수밖에
없었어.. ㄸ 이제 나도 네
앞에 당당하게 위해 이욬X2
조그만 선물 감지 않는 선물
을 준비했어. 그래도 안 주는
것보다야 주는 것이 좋고 선물
이막 마음이 모엇보다 중요한거
아니겠니. 난 진심으로 그날
네 생일을 축하하고 있었어.
이제도 생일 축하해~~ ♥
나 법인원때까지 앉으로도
애써 기다려줘~ ㅋ -전형-

정화야 생일 축하해 ^^
작지만 맛내게 먹어 ♡
안녕 ♡♡♡
　　　　　- 지원이 -

희수야
생일축하해 ♥
기숙사 몰래 들고가서
맛있게 먹어 ♡
　　　　- 주현 -
Hello Kitty

-지선-
예전아! 고마웠건ㅅ!

지켜보고있다

야 손정화! 너 내가 지켜보고 있다 ㅡㅇㅡ
딴 짓 하지 말고 열공해! 이제 수능도 진짜 얼마
안 남았어ㅠㅠ 우리 열씨미해서 꼭 좋은 결과
있길~♡ 수능 끝나고 너네집 초대하는거 잊지
말고 ^^ 내가 항상 널 응원하겠어 !!
아프지 말고 체력관리 잘 하길 ?
넌 뭐든 잘하게지만? 난 너가 내
친구라는게 자랑스러워 ♡ ♡ 핫팅!!

열공해.
　정화야
　넌 할 수 있어
　　화이팅 ㄱㄱ
　　　^^
붙으면서 내년에 떠나!

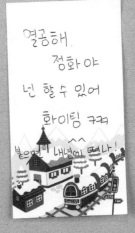

PART 01

서울대생들의
다이어리는 특별하다

자신이 성장하고 있다고 느낄 때 우리는 재미와 보람을 느낀다. 다이어리를
통해 서울대생들은 자신이 성장하고 있다고 느끼고 공부에 재미를 느꼈다.

서울대생들의 공부 비밀: '자기 성장 중독'

서울대생들이 자주 듣는 질문이 있다. "어떻게 공부했어요?"

사람들은 공부 잘하는 것은 둘째 치고, 오랫동안 꾸준히 공부한 비결이 무엇인지를 항상 궁금해한다. 물론 사람마다 개인차가 있겠지만, 분명한 것은 서울대생 중 그 누구도 억지로 한 것은 아니라는 것이다. 하루 이틀도 아니고 수년간 버티기 식으로 공부할 수 있는 사람은 없다. 우리는 이를 심층적으로 알아보기 위해 100명이 넘는 서울대생들을 인터뷰했고, 그 결과 한 가지 공통점을 발견했다. 그것은 바로 그들이 공부를 하면서 나름의 보람과 상당한 재미를 느꼈다는 점이다. 물론 공부가 체질인 서울대생도 몇몇 있었다. 그러나 대다수는 게임, 아이돌, 노래방, 예능 프로그램 등을 좋아하는, 즉

그렇다면 그러한 행동의 근본적인 요인은 무엇일까? 바로 자기 성장이다. 즉, 자신이 성장하고 있다고 느끼는 순간부터 서울대생들은 공부에 집중하며 자신의 목표에 하루하루 다가갔다.

태어날 때부터 공부를 좋아하지는 않았던 학생들이었다. 이들은 공부의 보람과 재미를 느낀 후부터 꾸준하게 공부를 할 수 있었다고 한결같이 말했다. 그렇다면 그러한 행동의 근본적인 요인은 무엇일까? 바로 자기 성장이다. 즉, 자신이 성장하고 있다고 느끼는 순간부터 서울대생들은 공부에 집중하며 자신의 목표에 하루하루 다가갔고, 그때 기쁨과 만족감을 느꼈다. 이것이 피곤함, 힘듦, 불안함 등의 모든 부정적인 요소를 극복하게 해준 꾸준함의 비밀이었다. 이는 일종의 '자기 성장 중독'이라고 말할 수 있다. 어떤 의미에서 공부는 게임과 크게 다르지 않다. 캐릭터를 키우는 게임이 재미있게 느껴지는 이유는, 어떤 행위를 하는 즉시 경험치가 쌓이는 것처럼 결과가 즉각적으로 나오기 때문이다. 이러한 캐릭터 성장의 강렬한 중독은 게임에 몰두하도록 하는 강력한 요소이다. 반면 공부는 결과가 바로 나오지 않는다. 결과가 눈에 보이지 않으니 지겹게 느껴진다. 그렇다면 게임에서처럼 공부도 자기 성장 중독을 강렬히 경험할 방법은 없을까?

'자기 성장 중독'의 지표는
다이어리

　우리가 쉽게 떠올릴 수 있는 자기 성장의 지표는 시험 성적이 오르는 것, 칭찬을 받는 것 등이다. 하지만 이러한 지표는 모두 외부 의존적이다. 만약 시험 성적이 단기간에 오르지 않고, 주변에 칭찬을 해주는 사람이 없다면? 그러면 어떻게 자신이 성장하고 있다는 것을 알 수 있을까? 외부에 의존한 자기 성장 점검은 일시적이기에 지속하기가 어렵다. 따라서 서울대생들은 내부 지표를 통해 자기 성장을 되돌아보았다. 그것은 바로 '다이어리'를 통해서다.

게임처럼 공부를 재미있게 지속하기 위해서는 다이어리를 활용하면 된다. 다이어리에 계획을 세워 실천하고 점검하는 행위를 하나의 '퀘스트(Quest)'라고 생각한다면, '나' 또는 '다이어리'라는 하나의 캐릭터를 키우는 느낌이 든다. 목표를 달성하고 피드백을 통해 성장하는 자신을 보면, 재미와 더불어 만족감, 뿌듯함을 느낄 수 있다. 다시 말해 목표를 달성함으로써 성취감을 얻고 일종의 자기 성장 중독을 느낄 수 있다.

> 외부에 의존한 자기 성장 점검은 일시적이기에 지속하기가 어렵다. 따라서 서울대생들은 내부 지표를 통해 자기 성장을 되돌아보았다. 그것은 바로 '다이어리'를 통해서다.

이때 다이어리는 일정표, 플래너, 학습 계획표, 일기 등을 포괄하는 넓은 개념이다. 다이어리는 내 삶을 계획할 수 있는 동시에 감정을 담아내기도 하고, 스스로 피드백을 하도록 도와주는 훌륭한 도구이다. 주변에 사람이 없어도, 어떤 특정 환경이나 조건이 조성되지 않아도 작성할 수 있다. 심지어 무인도에서도 혼자 쓸 수 있다. 그만큼 다이어리는 오직 자신에 의한, 자신을 위한 것이다. 다이어리는 '어제의 나'와 '오늘의 나'를 비교할 수 있게 해주고 '계획을 세울 당시의 나'와 '계획을 실행한 후의 나'를 비교하도록 해주며 내가 어제보다 성장했는지를 분명하게 알 수 있게 해준다.

다이어리 작성에 대한 고정관념

　　다이어리가 분명 자기 성장에 도움이 됨에도 불구하고, 사람들은 선뜻 다이어리를 작성하지 않는다. 이는 다이어리 작성 효과에 대한 선입견 또는 고정관념을 가지고 있기 때문이다. 대표적인 4가지 고정관념과 그에 대한 서울대생들의 답변을 중심으로, 다이어리 작성의 실상에 대해 하나씩 알아보자.

고정관념 1 다이어리 작성은 시간이 오래 걸리고 번거롭다?

NO! 전혀 그렇지 않아요. 다이어리를 반드시 어떻게 작성해야 한다는 원칙은 없습니다. 간단히 메모 형식으로 1분 동안 작성할 수도 있고, 하루에 딱 10분만 투자해 하루 시간표를 작성할 수도 있지요. 완벽하게 작성하려는 욕심은 버리고 필요한 내용만 쓰다가 그 기능을 점차 늘려나가는 것이 좋습니다. 처음에는 숙제 기록용, 그다음은 우선순위를 고려한 TO DO LIST 작성, 그 다음에는 시간대별 계획 수립과 같이 필요에 의해 부담 없이 다이어리 작성을 하면 됩니다.

< 서울대 선배의 말 >

- 아침 자습 시간 또는 야간 자습 시간에 졸려서 정신상태가 멍할 때, 잠도 깨면서 동기부여 하는 용도로 간단하게 다이어리를 작성하는 게 좋다. 다이어리가 밑바탕이 돼야 공부를 효율적으로 해나갈 수 있다. 동물생명공학과 10학번

- 화려하고 완벽하게 쓰려고 하면 필연적으로 많은 시간이 투자된다. 투자하는 시간이 많아질수록 부담으로 다가온다. 따라서 핵심만 간단하게 적는 게 중요하다. 그리고 다이어리를 작성하는 시간을 정해놓는 게 좋은데, 개인적으로는 야간 자습 시간이 끝나기 직전 5분 동안 다이어리를 작성하곤 했다. 국어교육과 08학번

다이어리 작성은 항상 작심삼일로 끝난다?

NO! 꼭 그렇지만은 않아요. 다이어리 작성이 작심삼일로 끝나서 다이어리가 집에 많이 쌓여 있나요? 이는 다이어리와 정을 붙이지 못했기 때문입니다. 먼저 다이어리와 친한 친구가 되어보세요. 서울대생들은 다이어리 작성을 생활화하기 위해 공부할 때 다이어리를 항상 펼쳐놓기도 하고, 친구 생일, 가계부 등 일상적인 것들을 기록하기도 하고, 매일 일기를 적으며 애정을 담아두기도 했습니다. 이처럼 애정을 담아 다이어리를 작성하면 하루하루가 달라질 거예요.

---〈 서울대 선배의 말 〉---

• 어떤 자극이나 계기가 있을 때 굳게 결심하여 쓰는 게 필요하다. 스스로 원해서 다이어리를 작성하게 되면 하루도 거를 일이 없다. 경제학과 10학번

• 삶에 대한 절박함이 있으면, 하루하루를 다시는 오지 않을 순간으로 여기게 되어 한 글자라도 더 기록하게 된다. 다이어리 작성을 사진 찍는 느낌이라고 생각하면 좋을 듯하다. 순간을 기억하기 위해 사진을 찍는 것처럼, 하루하루를 기록하는 습관이 필요하다. 역사교육과 08학번

다이어리 쓰는 시간에 차라리 공부를 하는 게 낫다?

NO! 그렇지 않아요. 단순히 생각하면 다이어리 쓰는 시간에 영어 단어 한 개라도 더 외우는 게 낫다고 생각할 수 있지만, 장기적으로 봤을 때 절대 그렇지 않습니다. 아무런 목표 없이 앞만 보고 달리는 사람과 목표를 세우고 체계적으로 접근하는 사람은 큰 차이가 날 수밖에 없기 때문입니다. 다이어리는 근본적인 실력과 성적 향상을 위해 계획적으로 공부하는 것을 도와주는 아주 특별한 도구랍니다.

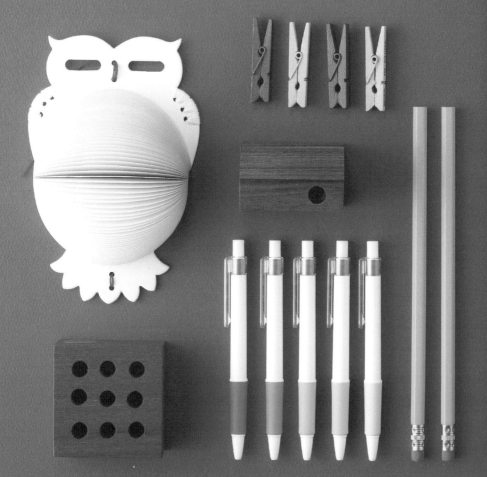

- 다이어리의 필요성이나 효용성을 모르겠다면, 다이어리를 작성했을 때와 작성하지 않았을 때를 비교해보자. 다이어리를 작성하면 자기관리, 시간 관리를 확실하게 해낼 수 있다. 의예과 11학번

- 다이어리를 작성하면 목표 의식이 뚜렷해지는 효과가 있다. 공부하기 싫은 마음, 딴짓하고 싶은 마음을 최소화하고 목표를 다잡으면서, 공부를 꾸준하게 해나가는 데에 큰 도움이 된다. 체육교육과 10학번

고정관념 4 ◀ 다이어리 작성은 성적 향상에 큰 도움이 되지 않는다?

NO! 오히려 정반대입니다. 다이어리 작성은 성적 향상에 직접적으로 도움이 됩니다. 다이어리는 자기 성찰 및 분석의 계기를 제공해 주기 때문입니다. 시험을 본 후 어떤 부분이 부족했는지, 어떤 문제점이 있었는지를 분석하여 자신의 공부 방법과 태도를 개선할 기회를 제공해 주는 것이 바로 다이어리입니다. 따라서 문제집 한 페이지를 더 푸는 것보다 자신의 공부 습관의 문제점을 발견하고 개선하는 것이 더 효율적이며, 궁극적으로는 성적 향상에 큰 효과가 있습니다.

- 다이어리 맨 앞 장에 적어둔 문구가 '다이어리는 서울대의 지름길이다.'였다. 다이어리를 통해 시간 관리 및 자기관리를 제대로 하지 않았다면, 서울대 입학이 불가능했을 것이다. 사회학과 09학번

- 다이어리를 보면 공부한 내용이 바로 눈에 보이니까 스스로 되돌아보고 점검할 수 있었다. 진행 상황을 확인하면서, '더 분발해야겠다' 혹은 '잘하고 있구나'와 같은 피드백을 바로바로 할 수 있어서 좋았다. 불어불문학과 13학번

서울대생들의 다이어리
작성 3대 원칙

다이어리를 한 번이라도 작성해 본 사람들은 알겠지만, 단순히 다이어리를 사서 쓰기 시작했다고 해서 무조건 성과로 이어지는 것은 아니다. 하루, 이틀 쓰다가 마는 경우가 비일비재하고, 쓰긴 쓰는데 계획대로 실천하지 못하는 경우도 많다. 또한 계획 자체를 세우거나 다이어리를 꾸미는 데에 많은 시간을 투자하여 정작 공부는 소홀히 하게 되는 경우도 있다. 물론 서울대생들도 이러한 시행착오가 있었지만 시행착오를 딛고 나아가 더 도움이 되는 방법들을 찾아냈다. 다이어리 작성이 진짜 성적 향상으로 이어지는 공통된 작성 원칙 3가지가 존재했다.

원칙 1 실행하기 위해 작성한다

다이어리에 세운 계획은 실행하지 않는다면 의미가 없다. 계획은 오로지 실행하기 위해 존재한다. 따라서 실행에 방해가 되는 것은 과감히 버릴 수 있어야 한다. 만약 계획 자체가 너무 복잡하거나 막연해서 어떻게 실행해야 할지 모르겠다면 방법을 바꿔야 한다. 계획을 세우는 것에만 너무 몰두하여 정작 실행하고자 할 때 힘이 빠진다면 이때에도 방법을 바꿔야 한다. 이처럼 다이어리에 세우는 모든 계획은 오로지 실행을 위한 것이어야 한다.

더불어 단기적인 목표와 장기적인 목표의 실시간 연동이 중요하다. 지금 당장 계획을 세우는 이 몇 분이 궁극적인 목표에 다가가는 첫 단추라고 느낄 때에 실행 에너지가 크게 나오기 때문이다. 즉, 지금의 행동 하나하나가 나의 장기 목표에 실시간으로 영향을 주도록

> 다이어리에 세운 계획은 실행하지 않는다면 의미가 없다. 계획은 오로지 실행하기 위해 존재한다. 따라서 실행에 방해가 되는 것은 과감히 버릴 수 있어야 한다.

설정하는 것이 중요하다. 쉬운 예로 '주간 공부 시간 측정하기'가 있다. 지난 일주일 동안 공부 시간을 스톱워치로 측정해보니 평균적으로 3,000분을 공부했다고 가정해보자. 그러나 바로 지금 이 순간, 공부를 하지 않아 스톱워치가 꺼져 있다면 전체 주간 공부 시간이 더이상 올라가지 않을 것이다. 그러면 그 순간부터 1분이라도 더 추가하고자 하는 실행 에너지가 생길 수 있는 것이다.

원칙 2 자신의 특성에 맞도록 작성한다

시중에 알려진 공부 방법들은 많다. 선생님이 강력히 추천하는 공부 방법, 성공한 사람의 다양한 비결, 서울대생들의 노하우 등… 그런데 중요한 것은 그 방법이 얼마나 좋은지가 아니라 자신에게 얼마나 적합한지다. 쉬운 예로 약국에 가면 정말로 많은 약들이 있는데 다짜고짜 "가장 좋은 약 주세요"라고 하는 사람은 아무도 없을 것이다. 약사는 환자가 자신이 어디가 아픈지 증상을 이야기하면 필요한 약을 처방해줄 뿐이다. 공부도 마찬가지다. 성적 향상에 도움이 되는 공부 방법을 많이 찾는 것보다는 자신의 특성에 맞는 공부 방법을 하나라도 제대로 찾는 것이 중요하다. 좋지 않은 방법이더라도 나에게 도움이 되면 좋은 방법이고, 아무리 좋은 방법이더라도 나에게 도움이 되지 않으면 좋지 않은 방법일 뿐이다.

서울대생들도 다이어리를 작성할 때 다른 사람들의 방법을 따라해보면서 자신만의 방법을 찾았다. 글씨를 예쁘게 쓰는 것, 분 단위로 계획을 세우는 것, 구체적인 페이지까지 적는 것 등 남들이 좋다는 방법이라고 할지라도 자신에게 도움이 되는지 안 되는지를 스스로 꼭 판단해 보았고, 자신과 안 맞는 방법들은 미련 없이 버렸다. 실제로 서울대생들에게 왜 자신만의 방법으로 작성했는지, 더 좋다고 알려진 다른 방법들은 왜 쓰지 않았는지 물어보았다. 그러자 대부분의 서울대생들은 아무리 좋은 방법이라도 자신의 특성에 맞는지, 아닌지를 명확하게 파악하고

정말로 자신에게 도움이 되는 쪽으로 작성했다고 한결같이 말했다. 그리고 다른 사람의 의견은 참고할 뿐, 어떤 방법이든 반드시 자신에게 맞는지를 살펴보고 맞지 않다면 자신에게 맞도록 변형해 사용할 것을 권했다.

대다수의 사람들은 조금만 노력하고 큰 성과를 얻길 원하지만, 하루 아침에 이루어지는 일은 없다. 다이어리를 쓰는 일도 하루, 이틀 열심히 하기 위해서가 아니라, 특정 목적을 위한 행동을 지속하기 위해 쓰는 것이다. 만약 다이어리 한 페이지씩을 완벽하게 꾸민다든지, 너무 비싸고 거창한 다이어리를 사용한다든지, 복잡한 계획을 세우고 철저하게 점검한다면 다이어리를 지속하여 쓰기가 어려울 것이다. 의욕이 넘쳐 시작하더라도 생각보다 부담되어 작심삼일로 끝나는 이유가 바로 이 때문이다.

따라서 다이어리는 자신이 지속적으로 쓰기에 좋은 방법으로 작성해야 한다. 처음에는 가벼운 마음으로 간단하게 시작하더라도 일주일, 한 달 정도 지속하여 익숙해지는 방법으로 적는 게 바람직하다. 부족한 부분은 보완하고, 잘하는 점은 발전시켜 다이어리 작성이 하나의 습관으로 자리 잡도록 하자.

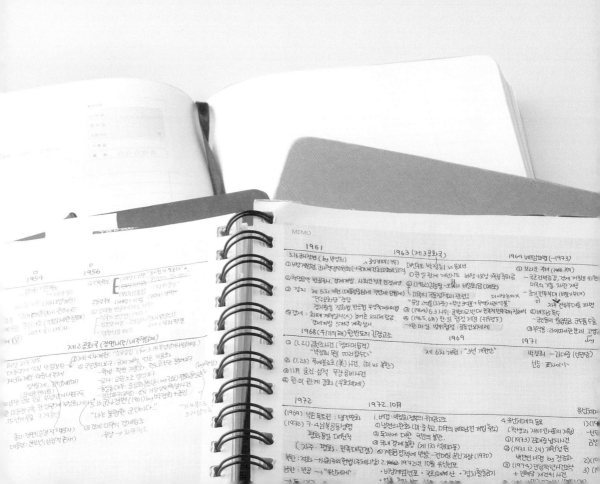

다이어리를 활용해야만 하는
5가지 이유

이유1 학습 과정 파악 자체가 강력한 동기부여

다이어리를 작성하면 크게 세 가지 과정에서 동기부여가 된다. 첫째 자신이 할 일을 생각하고 적을 때, 목표가 생기고 달성할 때의 모습을 생각하면 동기부여가 된다. 둘째 공부 후에 달성 여부를 점검할 때 동기부여가 된다. 피드백할 때 더 열심히 해야겠다는 마음이 드는 것이다. 셋째 그동안 작성한 다이어리 내용들을 돌이켜 볼 때 동기부여가 된다. 스스로 '이만큼 열심히 했구나', '생각보다 열심히 못 했네', '내가 이런 점은 약하고, 이런 점은 잘하는구나'와 같이 자기파악을 하며 성장할 수 있다. 이렇게 자신의 학습 과정을 파악하는 자체가 아주 강한 동기부여라고 할 수 있다.

이유2 공부의 모든 것을 좌우하는 학습태도 형성

우리는 대부분의 행동을 의식적으로 한다고 생각하지만, 실제로 의식적인 행동보다 무의식적인 행동이 더 많다. 예를 들어, 책상에 앉았을 때 몸의 자세는 어떤지, 어떤 과목의 어떤 책을 먼저 펴서 어느 부분부터 보는지, 문제는 어떤 순서로 보는지 등은 모두 우리가 애써 인지하지 않아도 자동으로 하는 무의식적인 행동들이다. 우리가 의식적으로 굉장히 노력하더라도 무의식적인 행동에 부족한 부분이 많다면, 결과적으로 원하는 만큼의 성과를 얻기 어렵다. 무의식적인 행동들은 자신의 평소 태도에 따라 달라지는데, 태도는 행동과 행동 사이를 메우며 학습에 아주 큰 영향을 미치는 요소이다. 다이어리는 학

습 과정들의 기록과 피드백을 통해 무의식적인 행동과 태도를 교정해주는 고마운 도구이다.

공부를 시작하기도 전에 차이를 만드는 습관

사람마다 축구공을 차는 자세가 다르고 공이 날아가는 궤도도 다르다. 이때 공이 날아가는 궤도는 사실 공을 차기 전에 디딤발을 어느 쪽에 디뎠는지, 어느 쪽으로 몸의 무게중심을 두었는지에 따라 달라진다. 이는 공부도 마찬가지다. 당장 책상 앞에 앉아서 얼마나 열심히 공부하는지에 따라 학습 성과가 달라지기도 하지만, 사실 책상에 앉기 전부터 어떤 공부를, 어떻게 할 것인지 결정하는 계획 여부에 따라 어떤 궤도로 날아갈 것인지가 결정된다.

하루가 이틀처럼 되는 시간 관리의 마술

하루 동안 한 일들을 나열해보고 각각 실제로 걸린 시간을 체크해보면 생각보다 그냥 흘려보내는 시간들이 많다는 것을 알 수 있다. 자신도 모르게 낭비하는 시간이 생각보다 많은 것이다. 그러나 다이어리를 작성하고 시간을 잘 분배한다면 이틀에 걸쳐서 할 일도 하루 만에 해치울 수 있다. '얼마나 많은 시간이 있는가' 보다는 '그 시간을 어떻게 활용할 것인가'가 중요하기 때문이다. 이처럼 다이어리를 통해 시간을 관리한다면, 하루를 이틀처럼 쓰게 될 수도 있다.

자신의 학습 성향을 파악하는 최고의 수단

공부하여 얻은 지식만이 학습 성과의 전부가 아니다. 교과서의 지식을 아는 것도 중요하지만 무엇보다 나 자신이 어떻게 공부했는지, 어떤 것들을 느꼈는지, 더 나아가 어떻게 공부하면 좋을지를 파악하는 것이 더 중요하다. 즉, 지식만 습득한 학생들은 절반의 성과만 얻은 것이다. 오늘의 목표 달성 여부, 하루를 마치는 자신의 소감, 부족했던 점, 좋았던 점, 내일 공부에 반영할 점 등을 다이어리에 적어보자. 그날 얻은 지식의 양보다 더 큰 성과를 얻을 것이다.

★ 수능 만점자 2인 김홍준 서울대학교 경제학과 12학번, 조세원 서울대학교 경영학과 14학번

김홍준 서울대학교 경제학과 12학번

조세원 서울대학교 경영학과 14학번

다이어리를 언제, 왜 쓰게 되었나요?

김홍준 고등학교 2학년 때부터 쓰게 되었다. 그전에는 다이어리의 중요성을 알지 못하고 귀찮음을 느껴 쓰지 않다가, 점점 균형적인 공부의 필요성을 느껴 쓰게 되었다. 내가 약한 과목, 끌리지 않는 과목을 공부하지 않는 것을 방지하기 위해, 반강제적으로라도 작성했다.

어떤 시간에 어떤 공부를 할지 계획하기보다는, 특정 과목을 얼마나 할지를 기준으로 계획을 세웠다. 흥미롭고 좋아하는 과목은 공부를 많이 하게 되고, 그렇지 않은 과목은 적게 하게 되어서, 과목별로 공부량을 정해두었다. 온종일 빡세게 공부를 하기보다는, 부족한 부분을 보충할 수 있는 시간을 따로 마련해

<u>두었다.</u> 주말마다 일주일 단위로 계획을 세웠고, 최대한 주 단위 계획을 지키려고 노력했다. 피드백을 하면서 내가 얼마나 공부를 했는지를 점검했고, 계획을 제대로 지키지 못한 날이 있으면 다음 날에 만회하면서 주 단위 공부량의 균형을 맞추려고 노력했다.

조세원 계획은 시간보다는 공부량과 진도에 맞춰서 세우는 편이었다. 수학 3시간이 아니라, 수학 20페이지 풀기와 같이 말이다. 시간 단위로 계획을 세우면 시간만 때우자는 생각이 들어서, 특정 진도까지 반드시 끝내기 위해 진도량으로 계획했다.

계획을 3일 또는 일주일 단위로 크게 세우는 편이었는데, 한 과목을 집중적으로 하는 게 많이 도움되는 것 같아서, 어떤 주는 오로지 수학 공부만 했다. 그렇게 어느 정도 수학에 대한 감을 올려놓으면 일정 기간 수학 공부를 하지 않아도 크게 걱정이 되지 않았다. 그래서 한 과목을 공부할 때 최대한 길게, 집중적으로 했다. 다만 수학 공부를 할 때 앞에서부터 쭉 푸는 식이 아니라, 함수 10페이지, 미분 10페이지, 적분 10페이지 등으로 매일 나누어 풀었다.

공부 시간과 틀린 문제에 대해서도 피드백을 했다. 계획을 지키지 못하면 시간이 정말 부족했기에 꼭 지키려고 노력했다.

계획을 길게 잡다 보니, 수학의 경우 단원별로 동시에 진도를 나갔다. 그러다 보면 어느 단원이 갑자기 재미있게 느껴질 때가 있었는데, 그날은 재밌게 느껴지는 단원의 진도를 많이 나가고, 다음 날은 전날 진도의 부족분을 메우기 위해 열심히 했다. 일주일에 한 권이 동시에 끝나도록, 과목별, 단원별 비율을 맞추고 균형을 유지하기 위해 노력했다. 항상 계획을 머릿속으로 생각하고, 꼭 플래너를 적지 않더라도 마감기한을 정해놓으며 공부를 했다.

수능시험을 보고 나서 만점을 받았다는 직감이 들었나요?

김홍준 솔직히 시험 볼 때도 그렇고 채점 전까지만 해도 전혀 몰랐다. 언어 영역 시험을 보고 '아, 망한 것 같다'는 생각이 들었다. 그때 바로 옆 사람이 언어

문서확인번호 1701-1931-5815-9022

2012학년도 대학수학능력시험 성적증명서

수험번호	성 명	주민등록번호	출신고교(반 또는 졸업년도)		
40100909	김홍준		한국외대부속용인외국어고 (0008)		

구 분	언어영역	수리영역	외국어(영어)영역	사회탐구			제2외국어/한문영역
		'나'형		국사	경제지리	경제	중국어I
표준점수	137	138	130	70	67	70	65
백분위	100	100	99	98	99	99	93
등급	1	1	1	1	1	1	2

※ 성적증명서의 점수 표기란에는 미선택한 경우는 '-'로, 응시선택 후 결시한 경우 '*'로 표기됨

2015년 01월 31일

한 국 교 육 과 정 평 가 원 장

영역이 끝나자마자 서약서를 쓰고 중도 퇴실했는데 '아, 나도 나가야 하나?' 싶었으니까. 그때 언어 끝나고 진짜 나갔으면 엄청나게 후회했을 것 같다. (웃음) 특히 수능 당일은 서울대 수시 발표가 있는 날이었는데, 수능 끝나고 수시 결과를 확인해보니 떨어져서 기분이 묘했던 것 같다. '수능은 잘 봤어야할 텐데'라는 생각도 들었다. 하지만 채점하고 진짜 깜짝 놀랐다. 뜻밖의 선물을 받은 느낌이랄까? 그동안 열심히 하기도 했지만 운이 잘 따라준 느낌이었다. 채점 후 안도하며 잠을 깊게 자고 일어났다. 1교시 끝나고 많이 실망했지만 마음 불편해하지 않고 꿋꿋이 시험을 봐서 좋은 결과가 있었던 것 같다. 학교에서 가채점을 하고 나서 인터뷰 몇 개가 들어왔다. 그중에 두 개 정도 했는데, 나머지는 연출을 부탁한 게 많아 모두 거절했다.

수능 만점의 비결과 자신만의 차별화된 경쟁력은 무엇이라고 생각하나요?

김홍준 반복해서 수십 번 읽으면서 학습 내용을 익히는 편이었다. 다이어리에 반복한 횟수를 기록하면서 복습 정도를 체크하기도 했다. 같은 내용을 최소 10번 정도는 읽으면서, 학습 내용을 익숙하게 느끼려고 노력했다. 달달 암기를 하면 잊어버리는 경우도 종종 있지만, 많이 읽으면 큰 흐름을 쉽게 파악하게 되어 암기한 사항을 잊어버리더라도 크게 어려움을 느끼지는 않았다.
더불어 평소에 잠이 많은 편이어서, 수업 시간에 잠을 자는 경우도 종종 있었다. 졸리면 아무것도 손에 잡히지 않는 편이라, 피곤하면 차라리 잠을 자자는 주의였다. 낮잠 포함하여 하루에 9~10시간 정도 잠을 잤던 것 같다. 대신 깨어 있는 시간을 최대한 활용하려고 노력했고, 어중간한 정신상태에서 공부를 억지로 하진 않았다.

조세원 98점과 100점의 차이는 근본적으로 공부를 했는지의 여부에서 갈린다고 생각한다.
언어 영역을 예로 들면, 어렵다고 하는 비문학 지문 중 과학, 예술, 역사 지문 자체를 공부하는 사람이 있다. '과학, 역사 지문은 이렇게 읽어야 한다' 식으로. 그렇게 공부를 하면 문제를 맞출 수는 있다. 하지만 수능시험은 학원 강사들이 만들어놓은 틀에서 맞출 수 있는 문제만 나오는 것이 아니다. 가끔 교수들이 정말 말도 안 되는 문제를 낼 때가 있다. 그러나 그런 문제도 틀리라고 내는 문제가 아니라 맞출 수 있다고 생각해서 내는 문제다. 결국 교수들이 생각하는 수능의 포커스는 이해력이라고 생각한다. 언어 지문을 어떻게 읽어야 한다가 아니라, 무엇을 이해하고 있는가를 측정하는 것. 언어는 그것들이 무엇을 말하고자 하는지를 이해해야 한다. 즉, 보다 근본적으로 접근하는 것이 필요하다. 어떤 유형이 나오든지 이해력이 바탕이 되면 어떤 문제도 풀 수 있다. 가끔 학생들이 언어 지문을 어떻게 풀 것인지 질문하는데, 해 줄 대답이 없다. "읽고 이해하고 문제를 봐라", 이 말밖에는 해줄 수가 없다. 밑줄을 긋는지 또는 뒤에서부터 지문을 읽는지, 문제부터 읽는지, 과학 지문은 정리하면서 읽는지 등을 물어보는데, 이러한 기술들이 그다지 중요한 것이라고 생각하지 않는다. 정독하면서 이해하면 문제가 풀린다고 생각하기 때문이다. 근본적인 이해력에 초점을 둔다면, 실수하지 않고 어떤 문제든 맞출 수 있다고 생각한다. 그러나 시중에는 이해력을 강조하면서 교묘하게 스킬을 가르치는 경우가 많아서 정말로 이해력을 기르고 있는지, 이해력을 가장한 스킬을 주입받고 있는지를 스스로 점검해 볼 필요가 있다.

고등학교 때부터 모의고사 점수는 높은 편이었는데, 초·중학교 때 책을 많이 읽은 덕분이다. 그때 형성된 탄탄한 독해력과 이해력이 바탕이 되었다. 수능의 언어 영역은 일정 시간 동안 집중해서 밀도감 있게 읽는 게 중요하다. 그러려면 자신이 어떻게 글을 읽어야 하는지 아는 게 중요하다.

다이어리 작성을 통해 얻을 수 있는 가장 큰 효과는 무엇이라고 생각하나요?

김홍준   마구잡이로 공부하지 않고 무엇을 공부해야 할지 알고 공부하게 된다. 다이어리를 통해 큰 틀을 잡으면서, 성실히 공부할 수 있다. 그런 식의 공부를 통해 자기 만족감이 생긴다.

조세원 성취감이 있다. 모든 수험생들이 수능시험 하나만 보고 달려가는데, 계획 없이 공부를 하면 수능시험이 끝나기 전까지는 성취감을 느끼기 어려운 것 같다. 하지만 계획을 세우면 그때그때 피드백을 하면서 성취감과 만족감을 느끼며 공부를 지속적으로 해나갈 수 있다.

다이어리를 활용하여 공부하려는 후배들에게 조언 한마디를 한다면?

김홍준 목표를 확실히 하고 공부를 하면 좋겠다. 보통 성적에 맞춰서 대학교와 전공을 정하는 경우가 많은데, 인생 목표를 확실하게 세워두는 게 좋다. 공부를 무조건 열심히 하기보다는 자기 인생의 청사진을 그려보면서 공부를 하는 게 장기적으로 더 좋다.

조세원 마음을 편하게 가졌으면 좋겠다. 쳇바퀴 돌 듯 공부하는 삶이 지겹다고만 생각하지 말고, 자신의 미래를 위해 투자하는 시간이니 긍정적인 마음으로 했으면 한다. 더불어 미래를 위해 현재를 지나치게 희생할 필요는 없다고 생각한다. 희생이 필요한 부분도 물론 있지만, 고등학교 때만 쌓을 수 있는 추억들이 분명 있다. 따라서 놀 때는 확실히 놀되 마음이 너무 거기에 매몰되지 않게하고, 다시 깔끔하게 공부를 해나가면 되는 문제다. 그런 마인드를 가진다면안 될 일도 될 수 있다.

서울대생들처럼
다이어리 활용하기

서울대생들에게는 공통된 다이어리 활용 습관이 있다.
스스로 따라 해보고 자신만의 방식으로 받아들이는 것이 중요하다.

일반 학생과 서울대생의 하루 비교

서울대생들의 다이어리 작성 3단계 사이클

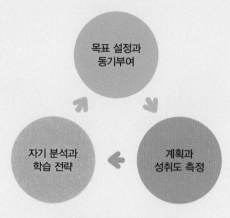

다이어리 작성의 3단계 사이클

다이어리를 작성하는 방법은 크게 3단계로 나눌 수 있다. 첫 번째로 목표 설정과 동기부여의 단계, 두 번째로 계획과 성취도 측정의 단계, 마지막으로 자기 분석과 학습 전략의 단계이다.

첫째, 목표 설정과 동기부여의 단계는 자신을 설레게 하는 장기 목표와 단기 목표를 설정하고 열정을 유지하며 동기부여를 얻기 위해 다이어리를 작성하는 과정이다.

둘째, 계획과 성취도 측정의 단계는 설정한 목표 달성을 위해서 구체적이고 세부적인 계획을 세우고 실행하는 과정이다. 또한 스스로 얼마나 달성했는지를 측정하여 자신에 대해 객관적으로 파악하는 단계이기도 하다.

셋째, 자기 분석과 학습 전략의 단계는 자신에게 핵심적인 질문을 던져보며 최선을 다하고 있는지, 강점과 약점은 무엇인지를 파악하고, 부족한 과목을 보완하기 위한 전략을 수립하는 단계이다. 여기서 수립한 전략은 다시 장·단기 목표에 반영되어 계획을 실천하는 과정으로 연결된다. 다이어리 작성 스킬은 이 사이클의 반복을 통해 발전하며 동시에 자신에 대한 이해와 학습 성과도 높아진다.

이 장에서는 서울대생들이 각 단계에서 실제로 했던 사례를 기반으로 공통적인 핵심 행동들을 분석하여 소개한다.

아래의 단계별 액션 리스트는 100명이 넘는 서울대생들의 다이어리 자료를 바탕으로 추출한 공통적인 핵심 요소들이다. 액션마다 서울대생들은 어떤 생각으로 어떻게 다이어리를 작성했는지 하나씩 살펴보자.

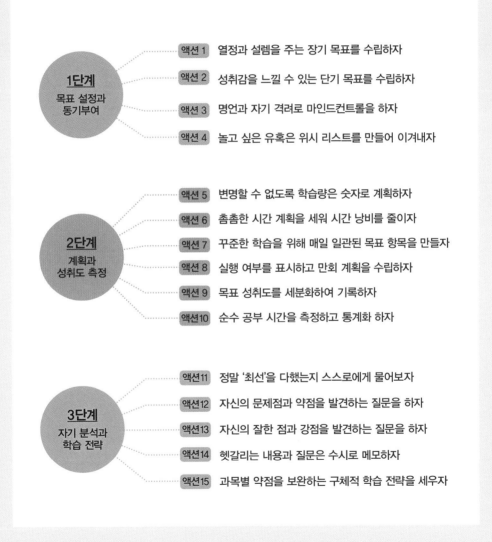

서울대 다이어리 액션 리스트

1단계
목표 설정과
동기부여

액션 1 열정과 설렘을 주는 장기 목표를 수립하자
액션 2 성취감을 느낄 수 있는 단기 목표를 수립하자
액션 3 명언과 자기 격려로 마인드컨트롤을 하자
액션 4 놀고 싶은 유혹은 위시 리스트를 만들어 이겨내자

2단계
계획과
성취도 측정

액션 5 변명할 수 없도록 학습량은 숫자로 계획하자
액션 6 촘촘한 시간 계획을 세워 시간 낭비를 줄이자
액션 7 꾸준한 학습을 위해 매일 일관된 목표 항목을 만들자
액션 8 실행 여부를 표시하고 만회 계획을 수립하자
액션 9 목표 성취도를 세분화하여 기록하자
액션10 순수 공부 시간을 측정하고 통계화 하자

3단계
자기 분석과
학습 전략

액션11 정말 '최선'을 다했는지 스스로에게 물어보자
액션12 자신의 문제점과 약점을 발견하는 질문을 하자
액션13 자신의 잘한 점과 강점을 발견하는 질문을 하자
액션14 헷갈리는 내용과 질문은 수시로 메모하자
액션15 과목별 약점을 보완하는 구체적 학습 전략을 세우자

장·단기 목표 설정

목표가 없는 사람은 열정적으로 움직일 수 없다

미국의 예일 대학교에서 졸업생을 대상으로 조사한 설문 중에 이런 내용이 있다. "당신은 인생의 구체적인 목표와 계획을 세우고 있습니까?" 졸업생 중 3%의 학생만이 구체적인 목표와 계획을 세우고 있었고 그 목표를 글로 써서 가지고 있다고 대답했다. 그렇다면 나머지 97%의 학생들은? 목표는 있지만 그저 생각에만 그쳤거나 아예 목표 자체가 없다고 대답했다. 20년이 지난 후, 이들을 대상으로 다시 조사를 해보았다. 행방불명이 되거나 사망한 사람을 제외한 나머지 사람들을 조사했는데 놀랄 만한 결과가 밝혀졌다. 구체적인 목표와 계획을 세우고 있었던 3%의 사람들이 나머지 97%의 사람들이 가진 부를 모두 합친 것보다 경제적으로 훨씬 더 부유하게 살아가고 있었던 것이다.

위의 사례에서 살펴볼 수 있듯이, 명확한 목표 설정은 무척 중요하다. 삶을 살아가는 데 있어 구체적인 목표를 세우고 있는지의 여부가 큰 차이를 만들어내기 때문이다. 한 가지 짚고 넘어갈 점은 목표가 어떤 것인지, 그것을 정확하게 성취했는지의 여부보다 구체적인 목표의 존재 여부 자체가 더 중요하다는 사실이다. 구체적인 목표는 강한 추진력을 제공해주고 실제 삶의 행동 변화를 유도한다. 이를 공부에 적용해도 마찬가지다. 구체적인 목표 또는 청사진을 가지고 공부하는 사람과 그렇지 못한 사람은 큰 차이가 날 수밖에 없다.

서울대생들도 크게 다르지 않았다. 서울대생 대다수가 학창시절 때 장기적인 목표가 있었다. 즉, 서울대학교에 입학하고자 하는 목표가 있었고 진학하고 싶은 희망 학과를 정해놓은 경우도 많았다. 물론 목표한 학과와 실제로 진학한 학과가 일치하지 않는 경우도 종종 있었다. 하지만 구체적인 목표가 있었기에 스스로 공부를 할 수 있었고, 힘든 상황에서도 흔들리지 않고 달려나가 결국 서울대학교에 합격할 수 있었다.

단기적 성취 경험을 반복하는 것이 중요하다

마라톤 풀코스, 42.195km를 뛸 때, 10km, 20km, 30km 등 현재 위치를 알려주는 표지판의 존재는 큰 힘이 된다. 얼마나 뛰었고, 완주까지 어느 정도 남았는지를 알려주며 자극을 주기 때문이다. 공부할 때도 마찬가지로 장기적 목표를 이루기 위한 과정이 올바른지 스스로 점검하는 일이 필요하다. 이때 장기적 목표의 중간 지점인 단기 목표를 설정하고 반복적으로 성취하는 경험은 과학적으로도 중요하다고 알려져 있다. '성취 경험'은 뇌에서 '도파민'이라는 신경전달물질(신경호르몬)의 발생을 촉진한다. 도파민은 만족과 희열을 느낄 때 나오는 호르몬으로, 도파민의 분비가 늘수록 행복감이 높아진다고 한다. 이는 성취에 대한 의욕과 자존감을 높이고, 다시 더 큰 성취를 위한 행동이 지속적으로 이루어지도록 자극한다. 따라서 작은 목표라도 성취 경험을 반복적으로 하는 게 중요하다.

ACTION 01
열정과 설렘을 주는 장기 목표를 수립하자

대학 목표를 적는다

오랜 기간 공부를 꾸준하게 해나가는 데 있어서 가장 중요한 것은 장기적인 목표이다. 이때, 장기적인 목표는 자신의 열정을 샘솟게 하고 유지해주는 것이어야만 한다. 다른 사람이 정해준 목표들은 다른 사람들의 가슴만 설레게 할 뿐 자신에게는 부담스럽고 의미가 없을 수 있다. 따라서 내 가슴을 벅차게 하는 장기적인 목표를 설정하는 것이 중요한 데, 대표적으로 대학 목표 세우기가 있다. 서울대생들은 대학 목표 및 학과, 목표 점수 등을 이미 정해놓은 경우가 많았고, 그것들을 다이어리에 적어

서울대 선배의 말

"인생의 지도를 그려간다는 생각으로 장기적인 관점에서 삶의 목표를 세우자. 주체적으로 공부할 수 있다."

"'소년에게 배를 만들게 하려거든, 그로 하여금 바다를 동경하게 하라.'라는 말처럼, 공부할 때 목적의식, 목표의식, 동기부여가 무척 중요하다"

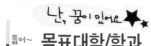

난, 꿈이 있어요 ★★
똑어~ **목표대학/학과**

목표는 앞으로 전진하는 힘!
힘들고 지칠 때마다 자신의 목표대학과 학과를 생각해 보아요.

		대학		학과(학부)
1지망		서울 대학	경영 & 사회과학	학과(학부)
2지망		경희 대학	한의	학과(학부)
3지망		서울교 대학		학과(학부)

1. 서울 대학교   정치학과
2. 서울대학교   영어영문학과
3. 서울대학교   지리학과
4. 서울대학교   스비자 사중학부

다른 대학은
생각하지 않겠습니다.

다양한 방향으로 장기 목표를 정해도 좋다.
꼭 구체적으로 적자.

목표가 하나일 필요는 없다. 여러 개의 목표라도 좋으니 구체적으로 세워보자. 한 번 정했으면 꼭 이루겠다고 결심하고 노력하자.

두어 열정을 유지하는 데에 큰 도움을 얻었다. 이처럼 각자 다이어리 표지 맨 앞장에 가고 싶은 대학 목표를 적어보자. 자주 볼수록 성취에 대한 열망이 커지며 흔들리지 않고 나아갈 수 있다.

목표 대학교의 사진을 붙여 놓는다

목표가 눈에 확 들어오는 대학교 로고, 정문 사진 등을 붙이고 가상의 합격증도 만들어보자. 그리고 표지나 첫 페이지에 자주 볼 수 있도록 붙여놓자. 그렇게 되면 흔들리지 않고 목표를 향해 나아갈 수 있으며 결국 목표를 달성할 확률이 높아진다.

목표 대학교 로고 또는 엠블럼을 다이어리 표지에 붙여두어 목표를 시각화한다.

목표 대학교의 로고 및 정문 사진을 붙여놓고 목표 달성을 위한 힘을 얻는다.

성취감을 느낄 수 있는 단기 목표를 수립하자

성취 가능한 목표를 정한다

단기 목표를 지속적으로 성취하면서 자극을 받고 장기 목표 성취에 필요한 원동력, 추진력을 얻어야 한다. 처음부터 목표가 너무 높아서 아예 달성할 의욕을 잃거나 너무 낮아서 시시하다면 성취감을 느낄 수 없다. 예를 들어, 학교 시험에서 1등을 하거나 100점을 받는다는 목표가 누군가에겐 너무 높은 목표일 수도 있고, 80점을

2학기 기말고사에서 특정 과목(수학) 점수 향상과 반 등수를 올리기 위한 단기 목표를 세운다.

WED

생일 오전수업

전국연합평가

고1 2학기 기말고사

＊목표 : 38등 → 30등 이내 , 특히 취약한 수학: 100점!!

＊계획

	주간	토	일
1	삼각함수 & 삼각함수의 그래프 Ⅱ	지리/과학	영어/국어
2	삼각형에의 응용 Ⅰ	지리/과학	한국사/땅어
3	〃 Ⅱ	국어/영어	영어/사회
4	수학 한단원씩 정리	사회/과학	

↓
한국사 틈틈이!!

＊수학 - 문제집: 교과서, 쎈, 일품, 블랙라벨, 기특한, 내신6강 & MTS

＊결과 (원점수)

초	90.30	수	88.90	나	90.00	한	98.00
자	82.30	영	92.90	물	100.00	642.40		91.8

＊평가

으아... 많이 아쉬웠다. 수학만

처음 90점을 맞어 잘본것 같고 나머지는

영... 아니다 ㄸ3ㄲ 그 이유를 보자면 ①

수업시간에는 목조건(집중)! (선생님의 농담까지

- 하루에 6시간씩 자기.
- 1시간은 꼭 운동.
- 밥은 3/4 공기씩.
- 졸지 않기.
- 헛되게 보내지 않기!

04 April

	1	2	3	4	5	6	7
8	9	10	11	12	13	14
15	16	17	18	19	20	21
22	23	24	25	26	27	28
29	30					

06 June

						1	2
3	4	5	6	7	8	9
10	11	12	13	14	15	16

05

균형적인 삶의 리듬을 유지하기 위해 수면, 운동, 식사량 등의 단기 목표들을 적는다.

정신줄 놓으면 훅 지나가는
11월 둘째주 PLAN

- (1st) 심층수업 준비!! 〈프린트 + 수I 5장 6장 10장 + Calculus〉
  ↳ 3자시 (22:20 ~ 23:20) // 새벽
- (2nd) 수업시간 200% 활용 〈 이차곡선 / 극한 → 유제 · 연습문제 ∞ (유형분석, 반복연습)
- (3rd)

물리
- (1st) 올림피아드 강의 + 정리 → 새벽
- (2nd) 수업시간 200% 활용 〈 코림운동 / 유제 (영역구하기?) → 수능시간 + 3자시 (N자시) (4등)

화학
- (1st) 수행평가 시험 대비 〈평형, 반응속도〉 하이탑, 올림피아드? 더덤돔!!
- (2nd) 유기화학, 산염기 기억되살리기 하이탑 → 아침자강 40분
- (3rd)

 생물 (비중)
- (1st) 생화학 기억되살리...

 지학
  읽기, 읽기, 읽기

과목별로 해야 할 일들의 리스트를 만든다. 사소하더라도 실천 가능한 목표들을 적으면 그것들을 해낼 수 있다.

THU 16	FRI 17	SAT 18

- 수학은 2주 해야 할 분량은 무조건 다 한다.
- 보충수업 예습해 간다.
- 인터넷 강의는 하루에 기본 3시간 듣는다.

1st 과제연구 - 나노로 보고서 써보기!
           - 주어진 시간이 최선!!

틈틈이 평전읽기 (독후감), 논술초안, 사진찍기. 발명아이디어.

단기적으로 해야 할 목표들을 적는다. 자신이 부족한 부분을 보완하는 데 도움이 되도록 구체적으로 적는다.

51

방학 목표를 과목별로 세운다. 과목별로 어느 범위까지 얼마나 어떻게 공부할 것인지를 구체적으로 정한다.

방학 때 할일   매일

1. 언어 - 고득점 N제 : 이틀에 1회씩   — 메가 기출문제 : ☑ 문학 2세트, 비문학 3세트
   - 수능완성   쓰기 5문제
   - 언어의 기술 : 하루에 기술 하나, 교사성어는 매일 매일
2. 수학 - 신승범 약제 : 일주일에 2강씩. 1강→ 고쟁이 고치기 → 2강→ 고쟁이→고치기
   - 고쟁이 돌리기 : 하루에 각 단원 10문제씩 10X40
   - 수능완성. 수I, 미통기
   - 고득점 N제 수I, 미통기 : 하루에 수I, 미통기 30문제
   - 메가기출 분석 해설서 수I, 미통기
3. 외국어 - 이명학 Read N Logic : 하루에 2강씩 일주일에 3번
   - 고득점 N제 : 틀린문제는 꼭 복습하기! 하루에 15문제
   - 수능완성
4. 국사 - 교과서 한번 다시 읽기   — 국사 수능완성
   - 고종훈 개념 인강 : 하루에 ASG 1타임
   - 고종훈 문제풀이 : 일주일에 1강 이어서
   - 국사 수능특강 : 하루에 한 단원
5. 경제 - 경제 수능특강 : 하루에 한 단원 ⟩ 합쳐서 ASG 1타임 안에
   - 경제 수능완성 :
   - 강찬경 문제풀이 : 일주일에 1강 이어서

... 고, 하루에 1강. 빨리 끝내기!

겨울방학에 해야 할 것들!
OPEN YOUR MIND

언어: 수능기초플러스 (문학)	한자: 2급 따기.
수능기초플러스 (비문학).	국사: 2급 따기.
시조 100선 정리하기	TEPS: 980 넘자!
고전소설 인강듣기.	TOEFL: 만점.
	TOEIC: 만점.

수리: 수능기초플러스 (수I).
     수능대규 (수I).
     인플수학 (수I)
     정석 (실력: 수I).
     수학 모의고사 (3월) 꾸준히 풀기.

사탐: 윤리: 이이라 先生 완강.
         이현 책 복습하기.
     국사: 최태성 先生 완강.   +모의고사 프린트.
     근현: 강남구청.
     한자: 강남구청

겨울방학 목표를 적는다. 과목별로 어떤 문제집을 얼마나 풀 것인지, 어떤 인터넷 강의를 들을 것인지를 세세하게 정한다.

받는다는 목표가 누군가에겐 시시한 목표일 수도 있다. 따라서 자신이 노력한다면 달성할 수 있도록 성취 가능한 목표를 정해야 한다. 자신의 현재 상태를 기준으로 특정 과목의 5점 상승이든 10점 상승이든, 문제집 한 단원 더 풀기든, 인터넷 강의 빠지지 않고 듣기든, 아침에 일찍 일어나기든, 어제보다 공부 시간 더 늘리기든 달성했을 때 뿌듯함을 주는 단기 목표를 정하자.

방학 목표, 학기 목표를 정한다

시기나 상황이 바뀔 때마다 새롭게 계획을 세우자. 방학, 학기가 다가옴에 따라 큰 목표를 세우고 그 목표를 달성하기 위해 세부적인 계획들을 세우자. 특히 과목별로 최소한 이것만은 꼭 지켜야 한다는 목표를 반드시 설정하자.

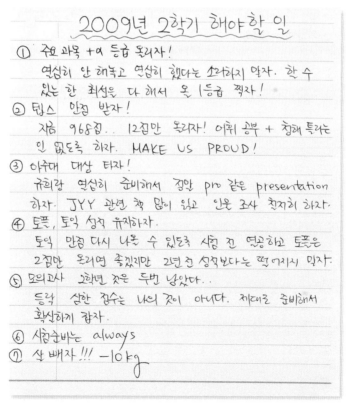

외국어 공인 성적 점수 취득, 특정 과목 등급 향상 등 학기 전체에 걸쳐
달성할 수 있는 목표를 세운다.

가슴 설레는
대학 목표를 세우자!

서울대학교 국어교육과 13학번 김보미

Q 다이어리를 어떻게 활용했나요?

A 다이어리를 항상 펴놓고 공부했다. 공부할 때마다 할 일 목록을 보면서 어떤 공부를 언제, 어떻게 해나갈 것인지를 바로 파악했기에 하루를 어떻게 보낼지 가늠할 수 있었다. 더불어 하루를 되돌아보며 '나의 문제점'을 적어 보기도 하고, 다이어리를 볼 때마다 인지한 문제점을 고치기 위해서 최대한 노력했다. 자기 전에 다음 날 계획을 세웠고, 하루를 시작하기 전에 다이어리를 쓰면서 큰 방향을 잡으려고 노력했다.

Q&A	
가장좋아했던 과목?	가장싫어했던 과목?
국어	수학
가장공부가 잘되는장소?	최고로많이 공부한시간?
도서관	14시간
가장낮았던 전교등수?	특기및취미?
전교 27등	악기 연주

Q 다이어리 표지에 목표 학과와 관련된 시각 자료를 붙여 놓았는데 어떤 도움이 되었나요?

A 중어중문학과에 지원하고 싶어서 학교 홈페이지에서 찾은 교수님들 얼굴을 인쇄하여 붙여놓았다. 하루에도 몇 번씩 보고 만지는 다이어리에 교수님들 사진을 붙여놓으니 '나중에 이분들에게 재미있는 강의도

다이어리 표지에 '열정과 순수' 키워드를 적어 두어 목표 의식을 다진다.

54

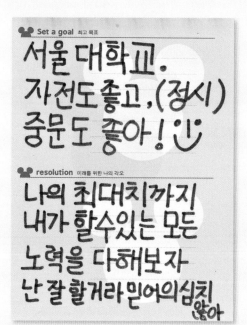

서울 대학교.
자전도 좋고,(정시)
중문도 좋아! ☺

나의 최대치까지
내가 할수있는 모든
노력을 다해보자
난 잘할거라 믿어의심치 않아

가슴을 벅차게 하는 대학 목표와 자신감을 북돋는
격려의 말을 다이어리 맨 앞장에 크게 적는다.

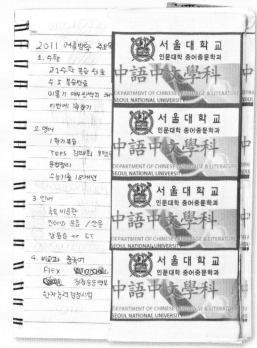

중어중문학과 로고를 책갈피로 만들어놓아 다이
어리를 펼쳐볼 때마다 마음을 다진다.

듣고 질문도 하는 대학생이 될 수 있다'라는 동기부여가 되어서 힘이 났다. 특히 수시를 준비했기
에 혹여나 면접 볼 때 교수님 얼굴이 친숙하면 덜 긴장하지 않을까 하는 생각도 했다. (웃음) 실제
로 면접장에서 교수님을 만났을 때 마치 예전부터 알던 사람을 만난 것 같은 기분이라 편했다. 또
한 다이어리 책갈피를 중어중문학 로고로 만들어놓기도 하며 의지를 불태웠다. 이와 같은 동기
부여가 있었기에 완전히 공부에 미칠 수 있었다.

Q 다이어리 작성 시 얻을 수 있는 효과가 있다면?

A 시간 분배를 확실히 할 수 있고, 과목별로 얼마나 시간을 투자했는지 한눈에 확인할 수 있다.
공부 성과를 단번에 파악할 수 있으므로 피드백도 즉각 가능하다. 실시간으로 피드백하면서 공부
를 하면, 지금 당장 3시간만 공부해도 진전이 있을 거란 믿음과 확신이 생긴다. 열심히 한 날이 많
을수록 기분이 좋아 더 열심히 하게 되는 효과도 있다.

Q 내게 다이어리란?

A 에너지다. 스크랩한 목표 대학교 사진을 자주 보면서 에너지를 얻었다. 그게 서울대학교 입학의
원동력이 된 게 아닐까?

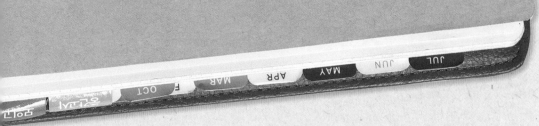

동기부여

작심삼일을 넘어서 공부의 매력을 발견하자

자신만의 구체적인 장·단기 목표를 설정하고 의지를 불태우지만 번번이 작심삼일(作心三日)로 끝나는 경우가 많다. 그럴 때면 스스로를 '의지박약아'로 규정하거나 '역시 나는 안 돼'라고 자책하기도 하는데, 사실 작심삼일은 인간이라면 누구에게나 일어나는 자연스러운 현상이라는 것이 과학적으로도 이미 밝혀진 바 있다.

뇌·생리학적 연구에 따르면 스트레스를 이겨내는 호르몬인 아드레날린과 코르티솔이 뇌에 작용하는 한계가 3일 정도라고 한다. 즉, '작심'을 한 후 행동에 변화가 생기면 뇌는 익숙했던 일상의 패턴에서 벗어나야 하므로 스트레스를 받게 된다. 이때 이를 극복하고 변화된 행동을 지속적으로 할 수 있도록 도와주는 것이 아드레날린과 코르티솔이다. 그런데 이 두 호르몬의 효과가 3일밖에 안 된다는 것이다. 따라서 3일밖에 결심한 대로 행동하지 못했다면 그것은 자연스러운 일이므로 너무 자책할 필요는 없다. 다만 3일 만에 원상 복귀한 자신을 보았을 때 그 대응을 어떻게 하는지에 따라 운명이 달라질 것이다. 성공하는 사람의 대부분은 작심삼일을 극복하고 자신이 하고자 한 일을 이루어냈다. 변화된 행동을 지속하기 위해서 주기적으로 스스로의 동기를 강화했기 때문이다. 따라서 평소 동기부여가 될 만한 요소를 지속적으로 찾고 내면화하는 습관을 들이는 게 중요하다.

또한 공부 자체의 매력을 발견하려는 노력이 필요하다. 일반적으로 공부는 지루하고 힘들다고 생각하지만, 사실 재밌기도 하고 의미가 있다. 수없이 많은 교수, 학자, 연구원들을 보라. 모두 공부를 '업'으로 삼은 사람들이다. 그만큼 '공부'라는 것이 평생 해도 될 만한 매력이 분명 있기는 있는 것이다. 물론 단번에 공부의 매력을 알아차리기는 어렵다. 산 정상에서 멋진 경치를 보기 위해서는 정상까지 가는 과정을 묵묵히 견뎌야 하듯 공부의 매력을 발견하기 위해서는 인내가 필요하다. 또한 단기적으로 우리에게 다가오는 유혹들을 물리침과 동시에 자신에게 현실적인 동기를 심어주는 마인드컨트롤이 필요하다.

평소 동기부여가 될 만한 요소를
지속적으로 찾고 내면화하는 습관
을 들이는 게 중요하다.

ACTION 03
명언과 자기 격려로
마인드컨트롤을 하자

감동받았던 명언을 적어놓는다

마음을 울린 책의 구절, 드라마나 영화의 대사, 시, 롤모
델의 명언을 다이어리 곳곳에 적어두자. 도움이 된다는
생각이 들면 명언들을 적어두고 자주 읽어보자. 생각과
행동이 점차 달라질 것이다.

서울대 선배의 말

"다이어리는 안식처와 같다. 힘든 일
이 있을 때 다른 사람들에게 하소연
하지 않고 다이어리를 적으면서 스스
로를 추슬렀다. 자신을 응원하고 격려
할 때마다 놀랍게도 힘이 생겼고, 마
음의 안정을 찾을 수 있었다."

"It doesn't matter if you don't win a competition,
remember you stand on top of the world
at being you!"

"모든 것은 운명이다.
'운명은 절대 바꿀 수 없다.'고 하는
사람들 조차 길을 건너기 전에
좌우를 살피는 것을 나는 보았다."
- 스티븐 호킹 -
(= 최예진)

영어 명언, 유명인의
명언을 다이어리에
적으면서 스스로를
동기부여 해보자.

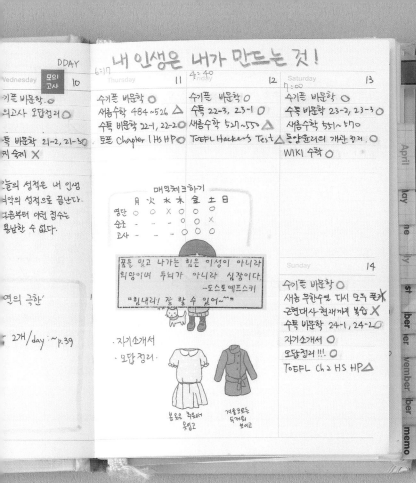

내 인생은 내가 만드는 것!

Wednesday 모의고사 10

기픈 비문학...
의고사 오답정리

특 비문학 21-2, 21-30
치 숙제 X

들의 성적은 내 인생
악의 성적으로 끝난다.
금부터 어떤 점수는
남할 수 없다.

연의 극한'

2개/day : ~ p.39

Thursday 6:17 11

수기픈 비문학 ○
새늘수학 484~526 △
수특 비문학 22-1, 22-20
토플 Chapter 1 HS HP ○

매일체크하기
月 火 水 木 金 土 日
영단 ○ ○ X ○ ○
순조 - ○ ○ ○ X
고사 - - - ○ ○ ○

꿈을 믿고 나가는 힘은 이성이 아니라
희망이며 두뇌가 아니라 심장이다.
-도스토예프스키
"힘내라! 잘 할 수 있어~^^"

· 자기소개서
· 오답정리

봄옷을 속옷에
입었고

겨울코트는
두껍게 입었고

Friday 4:40 12

수기픈 비문학 ○
수특 22-3, 23-1 △
새늘수학 521~550 △
TOEFL Hacker's Test △

Saturday 13

수기픈 비문학 ○
수특 비문학 23-2, 23-3 ○
새늘수학 551~570
동양윤리의 개관 정리 ○
WIKI 수학 ○

Sunday 7:00 14

수기픈 비문학 ○
새늘 무한수열 다시 모두 쫙 X
근현대사 현재까지 복습 X
수특 비문학 24-1, 24-2 ○
자기소개서 ○
오답정리 !!! ○
TOEFL Ch 2 HS HP △

감동받았던 명언을 출력하여 다이어리에 붙이고, 자기를 격려하는 말을 적는다.

"의심은 우리의 배신자다. 의심은 두려운 마음을 알려,
좋은 것을 얻겨는 우리들의 시도를 방해하고
결국 그것을 얻을 수없게 만든다" - 셰익스피어

힘든 때일수록 용기를 가져라.

" 성공한 사람들은 모두 인내한 사람들이 하기 싫어하는 일을
하는 사람들이다. 억지로 하는 것이 아니다. 다만, 하기 싫은
마음보다 목표를 달성하려는 마음이 크기 때문에 하는 것이다 "
- 알버트 그레이

좋은 글귀 또는 명언을 발견할 때마다 적어보고, 그에 대한 자기 생각도 짤막하게 적어보자.

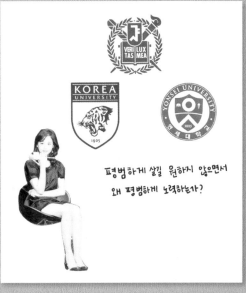

평범하게 살길 원하지 않으면서
왜 평범하게 노력하는가?

목표하는 대학교의 엠블럼과 롤모델 사진과 함께, 명언을 적으며 동기부여를 해보자.

나만의 자기 격려 말들을 적어놓는다

스스로에게 해주고 싶은 말들을 적어보자. 아무리 가까운 주변 사람일지라도 나의 상태를 매번 알아주기 어렵다. 내가 나 자신을 가장 잘 알기에, 내게 필요한 말들을 다이어리에 적어보자. 지금 내가 힘든 이유는 무엇인지, 힘을 얻기 위해서는 어떻게 해야 하는지, 이것을 이겨내면 어떤 사람이 될 수 있는지, 지금 하는 공부가 내 삶에 어떤 의미가 있는지 등을 생각해보고 진솔하게 적는 것이다. 진정성 있게 자신을 격려하는 말들을 적어놓으면 마음이 차분해지고 잡념이 사라진다. 이는 심리적인 버팀목이 되면서 슬럼프에 빠질 가능성을 낮춰준다.

Special Memo ▪▪▪▪▪▪▪▪▪▪▪▪▪▪▪▪▪▪▪▪▪▪▪▪▪▪▪▪▪▪▪▪▪▪

눈빛깔은 바꿀 수 없지만 눈빛은 바꿀 수 있다
나쁜 소리를 듣지 않을 수는 없지만 들은 것을 잊어버릴 수 있다
입 크기는 바꿀 수 없지만 입 모양은 미소로 바꿀 수 있다
오늘 잘못했을지라도 내일은 잘할 수 있다

공부를 지속적으로 해나갈 때에 필요한 자세와 태도에 대해 적는다.

불가능 그것은 나약한 사람들의 핑계에 불과하다
불가능 그것은 사실이 아니라 하나의 의견일 뿐이다
불가능 그것은 영원한 것이 아니라 일시적인 것이다
불가능, 그것은 도전할 수 있는 가능성을 의미한다
불가능, 그것은 사람들을 용기있게 만들어주는 것이다

Impossible is nothing!

자신이 생각하는 불가능의 개념과 특성을 정리해보면서, 한계치를 넘고자 하는 의지를 다진다.

나의 목표는 대부분의 이과생들과 다르므로,
계획도 목표도 실행도 다른 것
당연하다!

전국 1등이 되고자 하는 강렬한 목표를 달성하기 위해, 다른 친구들과는 조금 다른 목표와 계획을 실천하기 위한 다짐을 적는다.

긍정적인 마인드! 후회하지 말자!

W-( ) 나의 꿈을 이루기 위한 주간 학습 플래너

	2월 18일 (월) D- 262	확인	2월 19일 (화) D- 261	확인	2월 20일 (수) D- 260	확인	2월 21일 (목) D- 259	확인
기상 등교 전	AM 6:30		AM 6:30		AM 6:00 7:58		AM 6:00	
오전	·해커스 G 15-18 ·해커스 R 14 ·해커스 L C3 HT		·해커스 G 19-21 ·해커스 R 운달 ·팀스 기초문법 2 운달 ·해커스 L 디HT		·해커스 G 운달 ·팀스 기초문법 2 ·해커스 L C3 HT		·해커스 신경문법 C24 ·해커스 R 운달, G운달 ·팀스 기초문법 운달 ·해커스 L C3 복습	
점심 시간	·해커스팀스 6 · " V		·해커스팀스 7 · V		·해커스팀스 8 · V		·해커스팀스 9 · V	
오후	·실력 수I 13 단원 +14 단원 ·3월 모의고사 (2012)		·실력 수I 14단원 ·3월 모의고사 (국어)		·실력 수I 16단원 ·3월 모의고사 (수리)		·실력 수I 16단원 +17단원 ·3월 모의고사 (기2역)	
저녁 시간								
야간 자율 학습	·듣기 29회 ·비문학 대비 유형문제집 ·문학 연습문제 5 ·한국사 (자이) VII ·한국지리 (자이) VII ·해커스팀스 (L) PT ·근도록 노자 역어 ·심법·억 서체임 학방 ·팀스 기초문법		·듣기 ·비문학 ·한국사 ·한국지리 L 2				·듣기 29회 ·호로문제 2 운달 ·문자투운 면역 ·문어	
귀가 후 취침 전								
취침 시간	AM 1:40							

11시간 27분

	2월 22일 (금) D- 258	확인
기상 등교 전	AM 6:00	
오전	·해커스 R 운달 ·해커스 L 실전	
점심 시간	·해커스팀스 10	
오후	·해커스 R·G V ·해커스 L 실전 ·해커스 운달 정리 ·팀스 기초문제집 운달	
저녁 시간		
	·듣기 29회 ·호로문제 3 운달 ·국어 운달 ·문자투운 면역문 ·문어	
	AM 1:40	

포기란..
내 인생에 포기란 없다.
화이팅!

There's one language everyone understands...
Love
내일어둔건,
희망이 있을 때, 가능하다

승자는?
바보는 천재를 이길 수 없고,
천재는 노력하는 사람을 이길 수 없으며,
노력하는 사람은 즐기는 사람을 이길 수 없다.
즐기는 사람이 되자!!

스키를 처음 배운 날이라면서 '난 한번도 안 넘어졌어'
하는 사람은 '난 아직도 못 배웠어' 하는 것과 같다.
始하는 사람이 되자.!!

오늘의 나는 존재한다.
하지만 어제와 내일의 "나"는 존재하지 않는다.
하루만 살아간다는 마음으로 그날의 일에 최선을 다하자!

2005년 3월 4일 ~ 2006년 2월 28일.

ACTION 04

놀고 싶은 유혹은
위시 리스트를 만들어 이겨내자

위시 리스트를 만든다

위시 리스트(Wish List)는 자신이 나중에 꼭 하고 싶은
것들을 적은 리스트이다. 서울대생들도 공부 그 자체에
매료되어서 항상 공부만 한 것은 아니다. 얼른 공부를
끝내고 게임을 더 하기 위해서, 시험을 끝내고 친구들과
놀기 위해서, 그리고 대학교에 입학한 후에 더 당당해지

서울대 선배의 말

"공부하기 정말 싫을 때, 다이어리에
시험이 끝나고 하고 싶은 일들을 하
나씩 적고, 그것을 하는 내 모습을
상상하며 공부했다. 큰 동기부여가
되었다."

기 위해서 공부했던 것이다. 공부하기 싫을 때, 놀고 싶을 때는 하고 싶은 것, 사
고 싶은 것, 가고 싶은 곳 등을 위시 리스트에 추가하며 그것을 성취한 내 모습
을 상상해보자. 놀고 싶은 간절함을 오히려 학습 에너지로 치열하게 활용하여 공
부할 수 있다.

Special Memo

피아노 배우기   SWEET SORROW 콘서트 ♡   SWEET SORROW TV & Radio
라외고 돈 벌어보기   엠오엠 뒷풀이   괜찮은 사람되기. 사람 미워하지 말고. 교양있는 사람
요가해서 살빼기   영어 글씨체 + 딸기체 연습
살 빼서 원하는 옷 다 입기!   고마운 사람들: 가족들. 백수영쌤. 담임쌤. 이윤선. 서예린. 박정은. 탕윤지. 임혜송.
hair change   김이윤. 김기남. 박정환. 손인지. 유진명. 강태규. 구민모. 박성우.
안경은 이제 안녕   임하정. 임소민 +엠오엠 아가들. 양쌤. 이선우. 정혜진.
Tokyo avec 윤선   도서관에 청말 순수하게 책 읽으러가기
찾아뵙고픈 선생님들 뵙기   송도 탐방 +_+ 왜이렇게 좋아졌어!!

수능시험이 끝나자마자 하고 싶은 일들의 목록을 적어보자. 후회 없이 시험을 치고 사랑하는 사람과 행복한 시
간을 보낼 상상을 해보자. 조금 더 인내하며 공부하면, 가질 수 있는 값진 열매들이다.

- 아일랜드 여행하기
- 성균관 스캔들 보기
- 파마하기 ✓
- 48 kg 까지 살빼기
- 9cm 구두 사기
- 피부관리 받기 ✓
- '아저씨' 보기 ✓
- 베네틴트 사기 ✓
- 기타 배우기 ✓
- 노래 녹음하기
- 케이크 굽기
- 최영운과 놀기 → 춘천
- DSLR 카메라 사기
- 파리 여행하기
- 도쿄 여행하기
- 요리 배우기
- 인형 만들기
- 국토 여행하기
- 요가 배우기
- 수영하기
- 화장 배우기
- 귀 뚫기 ✓

- 알리앙스 다니기
- 알바하기
- 책 (고전) 읽기
- 요가 하기
- J'adore 사기
- 원피스 입기
- 롯데월드 가기
- 로맨틱코미디 섭렵하기
- 대학로 연극 보러 가기
- '아바타' 보기
- 세계사 공부하기
- 인문서적 읽기
- 홈베이킹! 케익 만들기
- 한국사능력시험 공부하기
- YG 콘서트 가기 ✓
- 방청하러 가기
- 트위터 시작하기
- 페이스북 활성화시키기 ✓
- 스티커사진 미친듯이 찍기
- 명동에서 놀기
- 심장이 목걸이 ♡
- 크리스마스 쇼핑
- 연대 캠퍼스 밟기
- 아카펠라 공부하기
- 득음하기 ㅋㅋㅋ   내 휴대폰은
- 뜨개질배우기   알람 시계된지 오래..

집중력이 떨어질 때, 대학생이 되면 하고 싶은 것들을 적어보자. 목표를 이룬 후 그것을 성취하는 멋진 모습을 상상해보자.

여행을 좋아한다면, 가고 싶은 여행지를 적어보는 건 어떨까? 원하는 목표를 달성한 후에 그곳에 있는 자신의 모습을 상상해보자.

여행가고 싶은 곳..

1. 스페인 10일	12. 뉴질랜드 14일
2. 인도 14일	13. 일본 오사카 교토 7일
3. 터키, 이집트, 그리스 30일	14. 스위스 7일
4. 이탈리아 10일	15. 캄보디아 5일
5. 프랑스 7일	16. 케냐 14일
6. 벨기에 4일	17. 북유럽 14일
7. 오스트리아, 헝가리 7일	
8. 미국 동부 14일	
9. 미국 서부 14일	
10. 브라질 및 남미 10일	
11. 베트남 7일	

대학생이 되면 하고 싶은 일을 거침없이 적어보자. 목표 대학 입학을 위해, 지금 하는 공부의 의미와 가치를 발견할 수 있다.

Special Memo

20살이 되면

- 내가 뭔가를 도전하고 후회 할수 있는 나이라는 걸 기억하고 실천하며 살거야 ^^
- 놀때는 좀 알차게 놀기. ㅠㅠ
- 청담동 근처에 어학원 다녀 볼까봐. 대학 합격하면 다녀보고
- 일본문화원 취직하려고. 취향 일본어나 영어 원어민과 대화할 수 있는 곳에
- 명동가서 알바! 어차피 엄마 일본어는 못 시키는 데이미지로도
- 베이스 배우기 사실 대학가서 꼭 배고 싶다 우헹 ㅡㅜ
- 자기관리 철저히 해서 돈 아끼자
- 엄마와 화해하면 내 인생을 내가 컨트롤 하며 이쁘게 살자
- 목적없이 막 내가 5학 함부로 대학 안가는 거 별로 좋은! ㅠㅠ
- 낮엔 알바 / 최상 알아보기

가상 합격증으로
동기부여를 하자!

서울대학교 경제학과 10학번 원현호

Q 가상 합격증과 소녀시대 사진을 다이어리 표지에 붙여놓았는데 실제로 도움이 되었나요?

A 고등학교 선배가 서울대 합격 이후 미니홈피에 합격증을 올린 걸 보고 따라서 가상 합격증을 만들었다. 조그맣게 만들어서 다이어리 앞장에 붙이고 다이어리를 펼칠 때마다 보면서 의지를 다졌는데, 생각보다 동기부여가 많이 되었다. 소녀시대 사진은 당시 소녀시대 팬이었기 때문에 별 의미 없이 붙였다.

Q&A	
가장좋아했던 과목?	가장싫어했던 과목?
수학	영어
가장공부가 잘되는장소?	최고많이 공부한시간?
학교 자습실	15시간
가장낮았던 전교등수?	특기및취미?
전교 30등	축구, 일본 드라마 시청

Q 다이어리를 주로 어떤 목적으로 활용했나요?

A 공부 계획을 세우고 동시에 나 자신과 대화하는 창구로써 활용했다. 공부 계획은 능력의 120% 정도를 세웠고, 계획을 모두 지키기 위해 최대한 노력했다. 자신에게 당근을 주기보다는 채찍질을 하며 공부를 해나가려고 했다. 공부하다가 힘이 들 때는 스스로에게 편지를 쓰는 등 자신과 대화하는 목적으로 많이 활용했다. 수능 전날에 그동안 적어놓았던 나에 대한 메시지를 다시 읽었는데 정말 큰 힘이 되었다.

Q 다이어리 작성 시 얻을 수 있는 가장 큰 효과가 있다면?

A 다이어리를 쓰지 않으면 목적 없이 그때그때 기분에 따라 좌지우지되는 것 같다. 목표를 향한 길을 잃는 느낌이 든다. 그러나 다이어리를 작성하면 어느 부분이 취약하고, 어느 부분에 신경을 더 많이 써야 하는지 알 수 있게 된다. 해야 할 일에 집중하여 우선순위를 정하고 공부할 수 있다는 게 큰 장점이다.

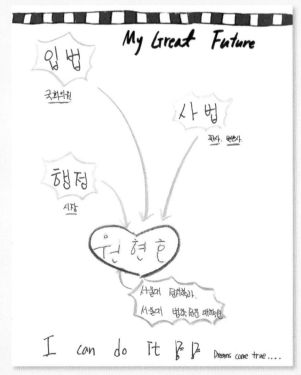

인생 전체의 목표를 그려보며 지금 하는 공부의 의미를 찾고 동기부여를 해보자.

다이어리 표지에 서울대학교 로고, 소녀시대 사진,
가상 합격증을 붙여놓아 동기부여를 한다.

Q 내게 다이어리란?

A 삶의 이정표다. 지나고 보니 내 고등학교 삶을 담고 있는 한 권의 자서전 같은 느낌이다. 다이어리는 억지로 쓰려고 하기보다는, 어떤 자극이나 계기가 있을 때 결심하여 자발적으로 쓰는 게 좋다. 스스로 원해서 쓰게 되면 다이어리를 하루도 거르지 않고 습관처럼 작성할 수 있다.

세부 계획 수립

구체적이고 마감기한이 분명한
계획은 집중력을 높인다 ▶

계획은 실행을 위한 것이다.
실행으로 연결되지 않는 비현실적인 계획은 의미가 없다. 그만큼 계획은 실행될 수 있는 방법으로 작성되어야 한다. 계획은 미래에 대한 현재의 결정이라고도 한다. 미래에 할 일을 미리 결정해놓아, 우왕좌왕하지 않고 미리 정해둔 실행만 할 수 있도록 도와주는 것이 바로 계획이다. 이렇듯 계획은 명확하고 구체적이어서 추가적인 고민을 별도로 하지 않아도 되도록 작성되어야 한다.

또한 계획의 마감기한이 분명하면 적당한 긴장감과 집중력이 생긴다. 시간을 낭비하지 않으려면 시간을 쪼개어 마감기한을 매번 설정하는 것이 좋다. 이때 너무 빡빡하고 무리한 계획을 세우지 않도록 유의해야 한다. 예를 들어, 야간 자습 시간이 3

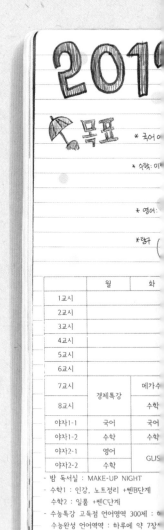

2019

목표   * 국어 ○

* 수학: 이○

* 영어

* 탐구 (

	월	화
1교시		
2교시		
3교시		
4교시		
5교시		
6교시		
7교시	경제특강	메가수
8교시		수학
야자1-1	국어	국어
야자1-2	수학	수학
야자2-1	영어	
야자2-2	수학	GLIS

- 밤 독서실 : MAKE-UP NIGHT
- 수학1 : 인강, 노트정리 +쎈B단계
  수학2 : 일품 +쎈C단계
- 수능특강 고득점 언어영역 300제 : 하
- 수능완성 언어역역 : 하루에 약 7장

시간뿐인데 너무 의욕에 넘쳐 국어, 영어, 수학 외에 다른 과목들까지 계획에 넣었다 하자. 무리한 계획으로 인해 국어, 영어, 수학조차 제대로 공부를 못하게 되어 결국 계획의 전체 틀이 무너지게 된다. 이렇게 실천을 하지 못하면 계획 미달성에 대한 스트레스를 받기에 오히려 계획을 세우지 않은 것보다 못할 수도 있다. 자신의 능력 안에서 구체적이고 마감기한이 분명한 계획 및 목표를 설정해 집중력을 높일 수 있어야 한다.

 계획은 명확하고 구체적이어서 추가적인 고민을 별도로 하지 않아도 되도록 작성되어야 한다.

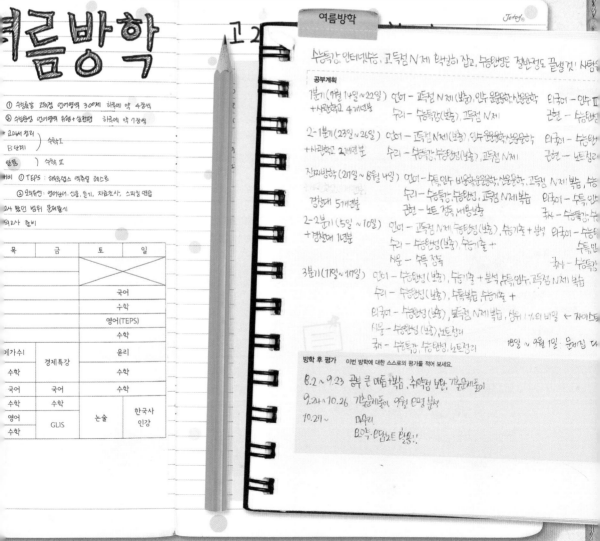

변명할 수 없도록
학습량은 숫자로 계획하자

페이지 번호와 문제 번호까지 적는다

계획 실천을 방해하는 요인 중 하나는 어디서부터 어디까지 해야 할지 모르는 '애매함'이다. 공부에 대한 의욕이 높을 때는 소화하기 버거울 정도의 학습량도 계획하지만, 지치고 힘들 때는 그것을 축소하며 자신을 합리화하기 쉽다. 따라서 변명의 여지가 없도록 계획에 숫자를 넣어버리면 심리적으로 도망갈 구멍이 없어져 계획을 달성할 확률이 높아진다. 단순히 '몇 시부터 몇 시까지 공부해야지'가 아니라, 문제집 하나를 풀더라도 '몇 페이지의 몇 번부터 몇 번까지' 풀 것인지를 적으면 달성하고자 하는 의욕이 높아지는 것이다. 그러면 시간만 보내자는 생각으로 책상앞에 무의미하게 앉아 있는 시간이 줄어들고 자신의 학습량을 파악하는 데에도 도움이 된다.

서울대 선배의 말

"친구들과 문제집 한 권을 누가 더 빨리 푸는지 내기를 많이 했는데, 그 진행 사항을 다이어리에 착실히 적었다. 적어도 오늘은 여기까지 풀어야겠다고 정하면, 높은 집중력을 바탕으로 밀도 있게 공부할 수 있었다."

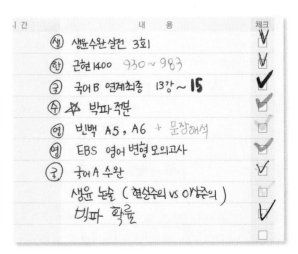

과목별로 어떤 문제집을 몇 페이지부터 몇 페이지까지 풀 것인지를 구체적으로 적어보자.

우선순위별로 계획을 나열하는데, 구체적으로 어느 분량을 할 것인지를 적어보자.

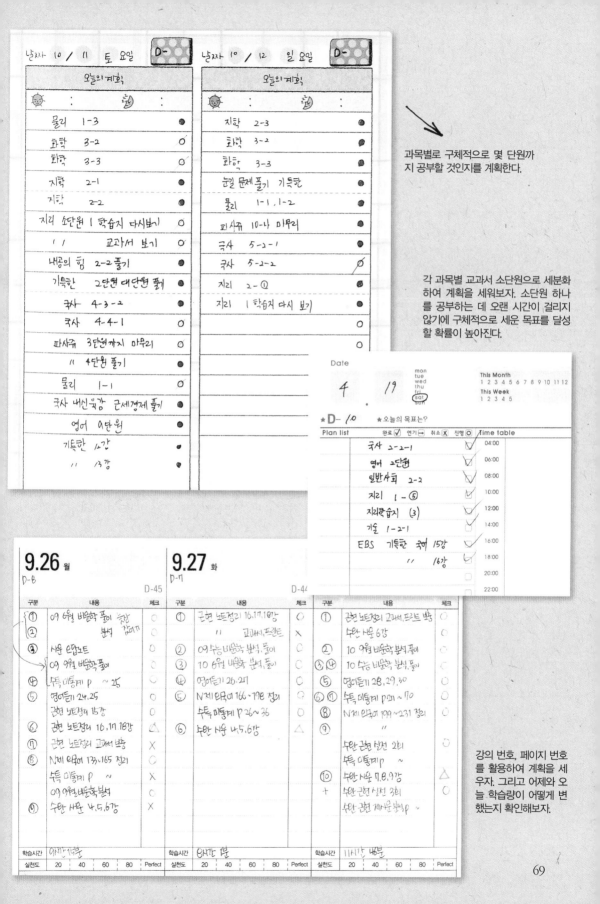

날짜 10 / 11 토 요일 D-

오늘의 계획

☀ :   🌙 :

물리	1-3	●
화학	3-2	○
화학	3-3	○
지학	2-1	●
지학	2-2	●
지리 소단원 1 학습지 다시보기		○
〃 교과서 보기		○
내공의 힘 2-2 풀기		●
기특한 2단원 대단원 풀기		●
국사	4-3-2	●
국사	4-4-1	●
파사쿠 3단원까지 마무리		○
〃 4단원 풀기		●
물리	1-1	○
국사 배신인강 근세경제 풀기		●
영어	9단원	●
기특한 12강		●
〃 13강		●

날짜 10 / 12 일 요일 D-

오늘의 계획

☀ :   🌙 :

지학	2-3	●
화학	3-2	●
화학	3-3	●
눈킬 문제 풀기 기특한		●
물리	1-1, 1-2	●
피사쿠 10-나 미무리		●
국사	5-2-1	●
국사	5-2-2	∅
지리	2-①	●
지리 1 학습지 다시 보기		●
		○
		○

과목별로 구체적으로 몇 단원까지 공부할 것인지를 계획한다.

각 과목별 교과서 소단원으로 세분화하여 계획을 세워보자. 소단원 하나를 공부하는 데 오랜 시간이 걸리지 않기에 구체적으로 세운 목표를 달성할 확률이 높아진다.

Date

4 . 19

mon tue wed thu fri sat sun

This Month 1 2 3 4 5 6 7 8 9 10 11 12
This Week 1 2 3 4 5

★ D- 10   ★오늘의 목표는?

Plan list	완료 ✓ 연기 → 취소 X 진행 ○	Time table
국사 2-2-1	✓	04:00
영어 2단원	✓	06:00
일반사회 2-2	✓	08:00
지리 1-⑤	✓	10:00
지리학습지 (3)	✓	12:00
기술 1-2-1	✓	14:00
EBS 기특한 국어 15강	✓	16:00
〃 16강	✓	18:00
		20:00
		22:00

9.26 월
D-8   D-45

구분	내용	체크
①	09 6월 비문학 풀이 홑낳	○
②	분석 잘하기	
③	사문 인강노트	○
	09 9월 비문학 풀이	
④	수특 미통계 P ~ 25	○
⑤	영어듣기 24, 25	○
	근현 노트정리 15강	○
⑥	근현 노트정리 16, 17, 18강	△
⑦	근현 노트정리 교과서 받기	X
⑧	N제 인강어 133~165 정리	○
	수특 미통계 P ~	X
	09 9월 비문학 분석	○
⑨	수완 사운 4, 5, 6강	X

9.27 화
D-7   D-44

구분	내용	체크
①	근현 노트정리 16, 17, 18강	○
	〃 교과서, 프린트	X
②	09 수능 비문학 분석, 풀이	○
③	10 6월 비문학 분석, 풀이	○
④	영어듣기 26, 27	○
⑤	N제 인강어 166~198 정리	○
	수특 미통계 P 26~36	○
⑥	수완 사운 4, 5, 6강	△

구분	내용	체크
①	근현 노트정리 교과서, 프린트 받기	○
	노완 사운 6강	
②	10 9월 비문학 분석 풀이	○
③ ⑭	10 수능 비문학 분석, 풀이	○
⑤	영어듣기 28, 29, 30	○
⑥ ⑰	수특 미통계 P 37 ~ 70	○
⑧	N제 인강어 199~231 정리	○
⑨	〃	
	수완 근현 실전 2회	
	수특 미통계 P ~	
⑩	수완 사운 7, 8, 9강	△
+	수완 근현 실전 3회	○
	수완 근현 제시문 풀이 P ~	

강의 번호, 페이지 번호를 활용하여 계획을 세우자. 그리고 어제와 오늘 학습량이 어떻게 변했는지 확인해보자.

학습시간	9시간 7분
실천도	20 40 60 80 Perfect

학습시간	8시간 1분
실천도	20 40 60 80 Perfect

학습시간	11시간 14분
실천도	20 40 60 80 Perfect

ACTION 06

촘촘한 시간 계획을 세워
시간 낭비를 줄이자

1교시 단위로 시간을 쪼개고 계획을 세우자

시간대별 계획은 체계적인 틀대로 공부하는 것을 즐기는 성향, 자투리 시간을 최대한 활용하며 공부 시간을 극대화하고 싶은 성향의 학생들에게 적합하다. 처음으로 시간대별 계획을 세우는 학생들은 수업 시간, 오전 시간, 야간 자습 시간과 같이 큼직하게 시간을 나누고 작은 계획부터 하나씩 실천하는 게 좋다. 처음부터 무리하게 계획을 세우기보다 자신이 소화할 수 있는 양을 파악하고 세우는 게 효과적이다. 작은 계획이라도 주어진 시간 내에 반드시 실천하고 성취하는 경험을 반복하도록 해보자.

학교 자습 시간에 어떤 공부를 할지 미리 정해보자. 자습 시간을 헛되이 보내지 않게 된다.

	2 MON	3 TUE	4 WED
	아침: 용오름	아침: 용오름	아침: 인수지문 2개 (2강 Q4.Q5.)
	쉬는시간: 용오름	쉬는시간: 용오름	
1교시	영어작문 27.28강	자작 권규	수득영어
2교시	용오름 ○	윤리 교과서 문제	수득영어
3교시	영어작문 29.30강	윤리 교과서 문제	수득영어
점심	용오름 (바퀴돌고 다시 바퀴)	4교시: 수득영어 29.30강	5교시: 지리 교과서
4교시	한지 자이스토리	5교시: 용오름	7교시: 지리 교과서
6교시	한지 자이스토리	6교시: 용오름	보충: 서득 (LECTURA)
7교시	한지 자이스토리	7교시: 윤리 수득	
보충	용오름 OR 윤리 (수득)	보충: 용오름 OR 윤리 (수득)	야자 1교시: 수득영어
야자1교시	한지 자이스토리 하고 나간 용오름	야자 1교시: 인수영어	야자 2교시: 수득영어
야자2교시	윤리 수능아우라	야자2교시: 물악	야자 3교시: 윤리수득 플러 복습!
야자3교시	윤리 수능아우라 끝내	야자3교시: 물악	
SB	sleep		집: 인수2강끝내고 ⊕ 일품수학
집	일품수학 &	집: 용오름	

Memo
• 수8일 전에 용오름 1바퀴 (눈으로 주로 보고 짧어잠컨 풀기)

	월	화	수	목	금	토	일
아침	외국어	외국어	외국어	외국어	외국어	외국어	외국어
식사 7:40-	식사 재빨리 끝마치기 !!						
	신문 읽고 스크랩 & 기도 ♡♡						
1교시 8:00-10:30	언어	통계	언어	통계	언어		
	쉬는 시간에 반드시 복습		쉬는 시간에 반드시 복습		쉬는 시간에 반드시 복습		
2교시 10:50-12:20	미적	통계	미적	통계	미적		
점심 12:20-13:30	미적복습	통계복습	미적복습	통계복습	미적복습		
3교시 1시30-3시	미적수업복습 하고숙제	통계복습하고 숙제	미적	통계	미적		
4교시 3시20-4시50	미적수업복습 숙제	통계	미적	통계	미적		
저녁 5시30-6시반	(식사 재빨리 끝마치기 !!)						
	언어	언어	언어	언어	언어		
야1 6시10-7시50	☆서서공부 무조건!! ☆ 언어	외국어	언어	외국어	언어		
간식 7시50-8시30	수	수	수	수	수		
야2 8시30-10시50	수	수	수	수	수		
밤	오늘하루 반성 / 내일의 계획 / 다짐새로!						

학습 시간표에 정해놓은 시간에 따라 어떤 공부를 할 것인지 정해보자.

아침 (멀미) 언어 플+α
(6:00-7:40) 비문학 풀기

8:20-9:10 1교시: 한회풀기

9:20-10:10 2교시: 복습, EBS4마지

10:20-11:10 3교시: 수학한회 (N제)

11:20-12:10 4교시: 복습

1:00-1:30 점심: 외국어

1:30-2:20 5교시: 외국어

2:30-3:20 6교시: ⎤ 국사
3:30-4:20 7교시: ⎦

4:30-5:20 8교시: 중국어!! 밥

저녁: 국사

6:00-7:00 : 국사
7시-8시 : 법사

8시-9시 ⎤
9시-10시 ⎬ 낮에 미흡했던 곳 (주로 수학과 외국어)
10시-10시 30분 ⎦

주어진 시간표를 활용해서 계획을 세워보자. 저녁 시간에는 미흡한 부분에 대한 보충 시간도 따로 설정해놓자.

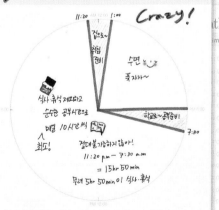

여름방학이 내년을 좌우한다!
Crazy!

방학 계획표를 만들어서 그 시간에 어떤 공부를 할지 정해보자.

방학 시간표에 맞추어 시간대별 계획을 세워보자. 구체적으로 어떤 공부를 할지 정하지 않더라도, 공부 가능한 시간을 확보해놓자.

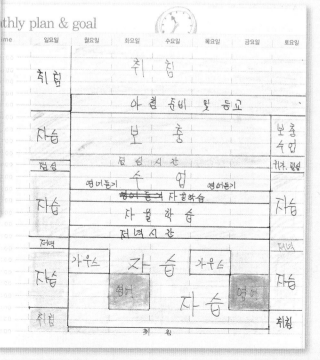

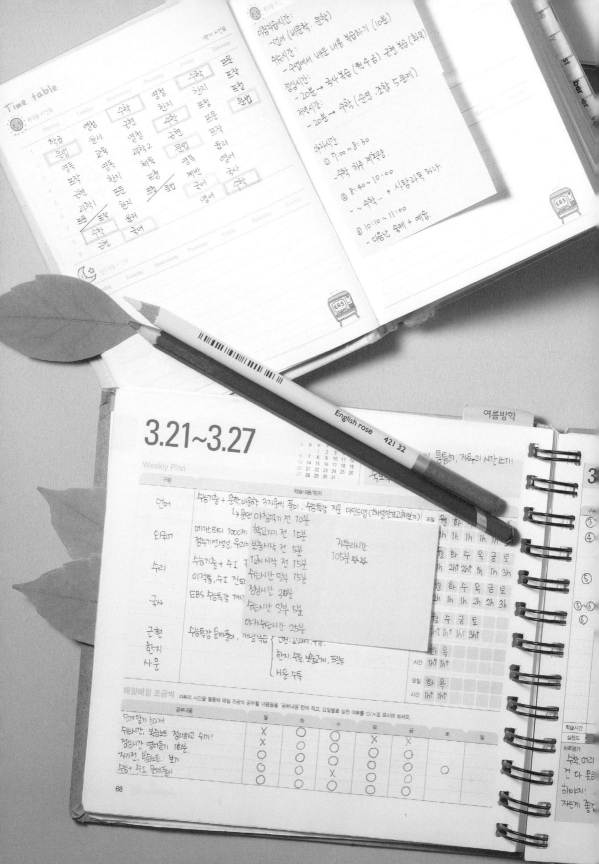

아침 자습 시간부터 자투리 시간을 어떻게 활용할 수 있을지 생각하고,
그에 맞는 계획을 세워 시간을 효율적으로 활용한다.

분 단위로 세분화하여 시간대별 계획을 세우자

시간대별 계획에 익숙해지면, **더욱 효율적으로 공부하기 위해 분 단위로 시간을 쪼갤 수 있다.** 30분, 10분, 5분 중 자신에게 가장 맞는 방법으로 시간을 더 쪼개서 계획을 세워보자.

알뜰하고 효과적으로 자투리 시간을 사용할 수 있게 된다.

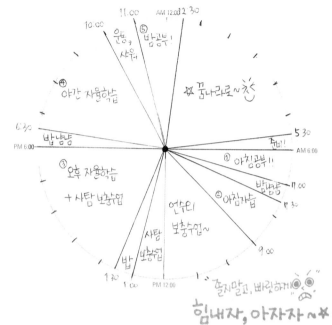

방학에도 공부 가능한 시간을 확보하여 분 단위로 촘촘한 시간 계획을 세워보자.

아침 자습 시간부터 수업이 시작할 때까지 어떤 공부를 얼마나 할지 미리 정해둔다. 조금은 빠듯하게 계획을 세워 공부에만 집중할 수 있도록 한다.

아침자습시간:
- 언어 (비문학, 문학)

쉬는시간:
- 수업에서 배운 내용 복습하기 (10분)

점심시간:
- 20분 → 국사 복습 (월·수·금) 근현 복습 (화·목)

저녁시간:
- 20분 → 수학 (순열·조합 5문제)

야자시간
① 7:00 ~ 8:30
- 수학 하루 계획량.

② 8:40 ~ 10:00
- ~ 수학 .. + 사탐과목 하나.

③ 10:10 ~ 11:00
- 다음날 숙제 + 예습.

등교 후 주어진 시간을 어떻게 활용할 것인지 세세하게 적어보자. 공부 시간을 극대화할 수 있다.

ACTION 07 꾸준한 학습을 위해 매일 일관된 목표 항목을 만들자

과목별로 매일의 계획 칸을 만들자

국어, 영어, 수학 등 핵심 과목들은 매일 공부해야 실력
향상에 도움이 된다. 과목별로 매일의 칸에 목표를 기록
하고 세부 계획을 세우자. 그리고 각각의 날에는 적혀있
는 대로 실천에만 집중하자. 그러면 목표를 달성할 수 있
다. 반복적으로 계획과 실천이 지속될수록 습관으로 굳
어지면서 공부 효율이 높아지고, 주어진 시간 동안 소화
할 수 있는 학습량도 많아진다. 또한 과목별로 학습 진행도를 살펴볼 수 있어 균
형 있게 공부할 수 있다.

한 가지 주의할 점은 어제 미처 실천하지 못한 항목이 있더라도 무리하게 몰아
서 보충할 필요는 없다는 점이다. 지키지 못한 계획을 급급하게 실천하다가 계획
의 전체적인 틀이 무너질 수 있기 때문이다. 그러므로 지키지 못한 계획은 별도
의 여유 시간에 보충하고, 그날 미리 세운 계획에 집중하는 것이 바람직하다.

서울대 선배의 말

"계획을 연속성 있게 세웠다. 예를 들
어, 월요일은 5~10페이지까지 풀기,
화요일은 11~15페이지까지 풀기와
같이 계획을 세웠다. 월요일 계획을
지키지 못하면 화요일 계획도 지킬 수
없기에 최대한 매일 계획을 지키게 되
었다."

21 MONDAY		22 TUESDAY		23 WEDNESDAY		24 THURSDAY		25 FRIDAY
				모의고사				
09 인터넷 수능 ○AM		09 인터넷 수능 ○ AM		09 인터넷 수능 ○AM		09 인터넷 수능 ○AM		09 인터넷 수
10 고사성어 ○		10 고사성어 ○		10 고사성어 ○		10 고사성어 ○		10 고사성어
11 언어의 기술 1강 ○		11 언어의 기술 2강 X		11 언어의 기술 3강 X		11 언어의 기술 4강 ○		11 언어의 기
12 확통 복습 ○PM		12 확통 고쟁이 고치기 PM		12 메가 미통기 숙제 PM		12 메가 수구 숙제 ○AM		12
01 확통 고쟁이 4회 ○		01 수특 수Ⅰ 5강 ○		01 수특 수Ⅰ 6강 X		01 수특 미통기 10강 ○		01
수열 고쟁이 20문제 ○		02 메가 수Ⅰ 숙제 / 고치기		02		02 행열. 치우로︎ 고쟁이 10문제 ○ +함수의 극한		02
03		03 함수의 극한 고쟁이 20문제		03		03		03
04 인터넷수능Ⅰ 18. Final 풀기		04 인터넷수능Ⅱ 12.13강 풀기		04 인터넷수능Ⅱ 14.15강 풀기		04 인터넷수능 16.17강 풀기		04
05 인터넷수능Ⅰ 11.12강 분석		05 " 7.8강 분석		05 인터넷 수능Ⅱ 9.10강 분석		05 인터넷수능Ⅰ 13.14강 분석		05
06		06		06		06		06 이명학 인강
07 국사 고대·중세 사회 교과서		07 고종훈 1강 ○		07 고종훈 1강 ○		07 고종훈 1강 ○		07
08		08 강찬경 40~57쪽 끝		08		08		08
09		09		09		09		09

스페인어 10강

15 Sunday
현대시의 모든것 111~120
고전사마 // 39강
시크릿청해 ch.3,4
흠런논술 24강

16 Monday
현대시의 모든것 121~130
고전사마 // 40강
개념원리 수I 22p~231p
시크릿청해 ch.5,6,7
월간Teps 2009. 08 R/C. 01~05
흠런논술 25강
스페인어 8강

17 Tuesday
현대시의 모든것 131~140
고전사마 // 41강
개념원리 수I
시크릿청해 ch.6
월간Teps 2009. 08 R/C. 06~10
흠런논술 26강
스페인어 9강

19 Thursday
현대시의 모든것 151~160
고전사마 // 42강
개념원리 수I 234~264p
월간Teps 2009. 08 R/C 16~20
흠런논술 27강
스페인어 11강

20 Friday
현대시의 모든것 161~170
고전사마 // 43강
개념원리 수I
월간Teps 2009. 08 R/C 21~25
흠런논술 28강

21 Saturday
현대시의 모든것 171~180
고전사마의 모든것 44강
개념원리 수I
흠런논술 3강
스페인어 12강

한 주 동안 연속성 있는 계획을 세운다. 그날 공부를 하지 않으면 내일까지 영향을 미치므로 세운 계획은 꼭 지킨다.

매일 과목별 계획을 세워 꾸준한 학습이 이루어지도록 한다.

SATURDAY
논술 복습, 리라이팅
인터넷 수능 윤리문학 분석
이영학 인강 ○
고종훈 인강 ○

SUNDAY

주요 과목별로 칸을 나누고 매일의 목표를 적는다. 과목별로 고르게 발전할 수 있도록 도와준다.

6.14 목

구분	내용	실천도	구분	내용
수리	미적 개념 30문제	○		
외국어	수능 다큐 30문제	○	내신	신증동 (비유, 아이러)
	EBS 듣기 1회	8		메넌드 ○), 운찬 (1~2)
	문제부 독해 10개씩		진도	수I (연립방정)
	EBS 외국어 10문제	✗		언어 문학편
* 한줄평가				

6.15 금

구분	내용	실천도	구분	내용
수리	수능 다큐 30문제 ②	○	내신	운찬 (3~4, 8평사) ①
	미적 개념 20문제 ①	○		마사회 (고전사가)
외국어	EBS 듣기 1회 ⑤	○		7am 복습
	문제부 지문 풀이 ③	8	본습	개념 논술 복기 ⑨
	EBS 외국어 10문제 ④	△		
* 한줄평가 힘에 많은 이기록 앉은 바빴을 똑 많은가?				

6.16 토

구분	내용	실천도	구분	내용
수리	수능 다큐 30문제 ⑤	○		
	미적 개념 20문제 ⑥	○	내신	운찬 (9~10, 모평 3~4) ⑤
	EBS 수I 인터넷 7강 ⑧	○		파사회 10개 SWOT(8)
외국어	EBS 듣기 1회 ⑨	○		한국사 (한국사에 오거나 5)
	문제부 독해 10문제 ⑦	○		
	EBS 외국어 10문제 ⑩	✗	모의고사	Point 모의고사 1회 (외국어)
* 한줄평가				

시크릿 다이어리
인물 인터뷰
03

구체적인 페이지 수까지
디테일하게 계획을 세우자

서울대학교 전기정보공학부 11학번 정서희

Q 다이어리에 과목별로 문제집 이름과 페이지 수까지 굉장히 구체적으로 적었는데, 실제로 어떤 도움이 되었나요?

A 한눈에 보이는 목표 설정은 나약한 내가 계속 나아갈 수 있도록 돕는 원동력이 되어주었다. 페이지 수까지 구체적으로 적으면, 계획을 달성하기 위해 주어진 시간 안에서 오직 그것만 집중하게 되어 좋다. 물론 내 능력에 맞게 목표를 설정해야 지치지 않고 달릴 수 있다. 단, 계획을 지나치게 많이 세우는 걸 경계해야 한다. 무리하게 계획을 세우면 과부하가 걸리기 때문이다. 자신을 과대평가하지 말고 소화할 수 있는 범위 내에서 계획을 세우자.

Q&A	
가장좋아했던 과목?	가장싫어했던 과목?
수학	도덕
가장공부가 잘되는장소?	최고로많이 공부한시간?
교실	8시간
가장낮았던 전교등수?	특기및취미?
130등	자전거 타기

Q 다이어리 작성 시 얻을 수 있는 효과가 있다면?

A 흔적이 남는다. 공부한 흔적뿐만 아니라 마음이 안일해졌을 때 되돌아보며 자신의 삶을 다잡을 수 있다. 다이어리를 보다가 문득 2년 전 나 자신에게 미안한 마음이 들어, 열심히 하게 될 때도 있었다. (웃음) 또한 스트레스를 글로 풀어내며 마음을 다잡기도 했다.

76

어떤 과목을 몇 페이지까지 풀 것인지 구체적으로 계획을 세워보자.

Q 다이어리를 꾸준하게 작성하는 나만의 노하우?

A 그냥 습관이 되면 하루에 한 번은 적어야겠다는 생각이 든다. 그러한 생각이 든 순간에 귀찮아 하지 말고 쓰는 것이 핵심이다. 해야 할 일이 생기면 바로 쓸 수 있도록 다이어리를 항상 가지고 다니는 것은 기본이다.

성취도 측정

객관적인 데이터로 자신을 냉정하게 평가한다

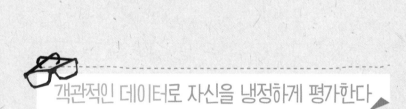

자신을 잘 파악하는 일은 중요하다. 그러나 쉽지 않다. 다른 사람의 눈에는 훤히 보이지만 자신은 잘 안 보이는 부분이 분명 존재하기 때문이다. 예를 들어, '오늘 정말 공부를 열심히 한 것 같아'와 같이 주관적인 판단에 의존하는 것을 가장 경계해야 한다. 왜냐하면 실제로는 자신이 계획한 목표치에 50%밖에 실천 하지 못했을 수도 있기 때문이다. 또한 최선을 다하지 않았지만 죄책감을 덜기 위해 괜히 자신보다 덜 열심히 하는 친구를 보면서 자신을 다독였던 것일 수도 있다. 이처럼 기분에 따라 좌우되지 않고, 자신의 노력과 결과물을 제3자의 시선으로 냉정하게 바라보기 위해서는 자신에 관한 객관적인 데이터들을 만들어놓는 것이 필요하다. 매일 학습 성취도, 과목별 성취량, 공부 시간 등을 측정해두면 추후 자신에 대해 분석하고 전략을 세울 때 큰 도움이 된다.

매일 학습 성취도, 과목별 성취량, 공부 시간 등을 측정해두면 추후 자신에 대해 분석하고 전략을 세울 때 큰 도움이 된다.

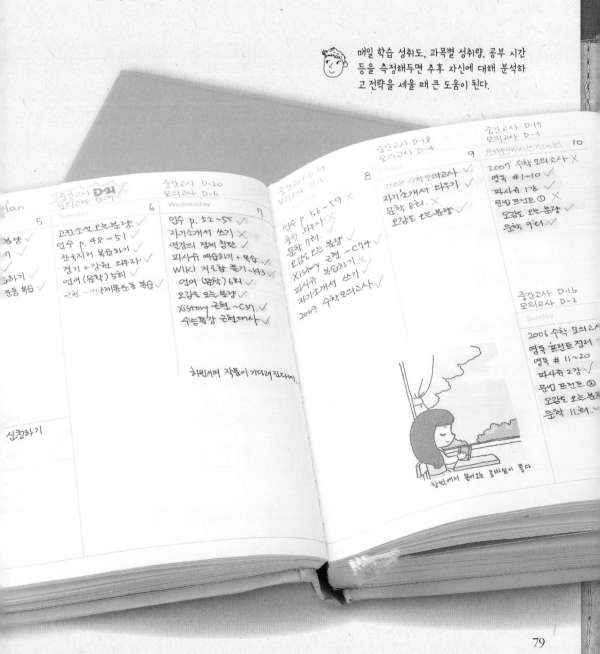

실행 여부를 표시하고
만회 계획을 수립하자

실천한 항목에는 자신만의 방법으로
반드시 표시한다

계획한 사항을 실천한 후에는 실행 여부를 반드시 표시해야 한다. 계획을 제대로 실천하고 표시할 때 느끼는 성취감은 그 어떤 보상보다 크기 때문이다. 더불어 다이어리를 펼쳐보면서 다음의 목표를 확인하고 재설정할 수 있는 효과도 있다. 실천한 계획 항목 위에 형광펜으로 표시하든, V 표시를 하든 끝났다는 나만의 표시를 해두자. 이 맛을 알면 계획한 모든 항목들에 표시할 수 있도록 노력하게 된다. 단, 주의 해야 할 점은 100% 솔직하게 표시해야 한다는 점이다. 자신을 속이면서 표시를 하거나 남들에게 보여주기 위해 거짓으로 표시해서는 안 된다. 스스로를 객관적으로 돌아보고 파악하기 위함임을 항상 잊지 말자.

눈에 잘 띄는 빨간색으로 표시해 계획을 실천했을 때의 뿌듯함을 느껴보자.

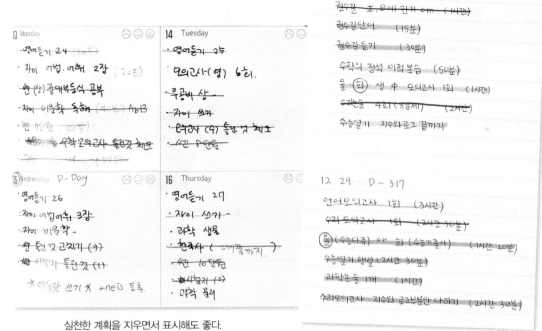

실천한 계획을 지우면서 표시해도 좋다.

실천 표시를 할 때 쾌감을 느끼도록 색색 펜으로
표시를 하자.

계획에 차질이 생기면 만회 계획을 세운다

갑자기 일이 생기거나 몸이 아파서 부득이하게 계획을 실천하지 못하는 경우가
있다. 그렇다고 해서 그 계획을 없애버리거나 무시하는 것은 최선이 아니다. 곧바
로 계획을 재조정하여 만회 계획을 세우는 것이 중요하다. 미처 실천하지 못한 계
획을 다음 날로 넘길 수 있고, 아니면 간단하게 축소하여 실행할 수도 있다. 또

는 다른 것으로 대체
하거나 주말 하루를
의도적으로 비워두어
평일에 다 하지 못했
던 계획을 보충할 수
도 있다. 이처럼 어떤
형태로든 틀어진 계획
을 만회할 방법을 연
구해서 체계적으로
공부해나가자.

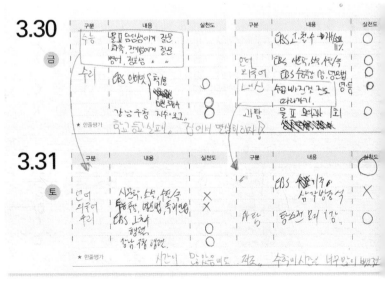

미처 실천하지 못한 계획을 언제 할 것인지 재조정한다.

8

AUGUST
2013

상단 주간 플래너(점심/시간, 오후, 저녁시간, 야간자율학습, 귀가 후 취침 전, 취침시간) — 손글씨 학습 계획표

SUNDAY	MONDAY	TUESDAY	WEDNESDAY	THURSDAY	FRIDAY
				1 수능완성 수학Ⅱ 50문제○ 수능완성 기하와벡터 46문제○ 수능완성 영어 B형 15문제○ 수능완성 국어 A형 23문제○ 용시's 화Ⅱ 21문제○ 메가스터디 물리Ⅰ 20문제○ 국어 인강 한편 듣기○	2 수능완성 국어 인강 한편 덕만's 모의고사 용시's 화Ⅱ 메가스터디 물리Ⅰ 나비효과 프린트 N제, 완성 단어
4 섬파 화학Ⅱ 25문제 국어모의고사 22문제○ 물리Ⅰ 인강한편 듣기○ 자이스토리 적분과통계 25문제○ 자이스토리 언어 독해 B형 20문제○ N제, 완성 단어 외우기○	5 수능완성 기하와벡터 53문제○ 영어모의고사 45문제○ 물리Ⅰ 인강한편 듣기○ 자이스토리 문학 A형 18문제○ 물리 언어병+연도별 14문제○ 완자 화학Ⅱ 25문제○	6 메가스터디 물리Ⅰ 25문제○ 수능완성 적분과통계 45문제○ 자이스토리 문학 A형 22문제○ 영어 모의고사 45문제○ 용시's 화Ⅱ 21문제○ 자이스토리 독서 A형 20문제○ 수능완성 기하와벡터 50문제○	7 수능완성 적분과통계 62문제○ 물리Ⅰ 인강한편 듣기○ 덕만's 모의고사 32문제 X 용시's 화Ⅱ X 자이스토리 문학 A형 X 수능완성 수학Ⅰ B형 49문제○ 국어 모의고사 45문제○	8 수능완성 적분과통계 56문제○ 물리Ⅰ 인강한편 듣기○ 용시's 화Ⅱ 21문제○ 수능완성 수학Ⅰ B형 47문제○ 덕만's 모의고사 50문제○ 자이스토리 회색짜증 A형 1문제○ 나비효과 프린트 세단원○	9 물리Ⅰ 인강한편 수능완성 수학Ⅰ B형 영어모의고사 30 자이스토리 화법.문법.작문 단원별+연도별 물리 기념도 Final 화Ⅱ
11 물리Ⅰ 인강한편 듣기○ 용시's 화Ⅱ 모의고사 20문제X 숨마쿰라우데 적분과통계 40문제○ 자이스토리 문법.화법.작문 20문제○ 영어모의고사 27문제○ 자이스토리 독서 A형 20문제○ EBS N제 수학 B형 50문제○	12 물리Ⅰ 인강한편 듣기○ 숨마쿰라우데 적분과통계 30문제○ EBS N제 수학 B형 30문제○ 영어 모의고사 23문제○ 자이스토리 문법.화법.작문 12문제○ 용시's 화Ⅱ 모의고사 20문제○ 단원별+연도별 물리 10문제○	13 물리Ⅰ 인강한편 듣기○ EBS N제 수학 B형 30문제○ 마져슨 수능길 화학Ⅱ 20문제○ 영어모의고사 25문제○ 자이스토리 문법.화법.작문 20문제○ 숨마쿰라우데 수학Ⅱ 50문제○ 단원별+연도별 물리Ⅰ 20문제○	14 물리Ⅰ 인강한편 듣기○ EBS N제 수학 B형 50문제○ 기념도 Final 화학Ⅱ 20문제○ 영어 모의고사 35문제○ 자이스토리 문학 A형 20문제○ 수능완성 물리Ⅰ 14문제○ 수능완성 기하와벡터 25문제○	15 물리Ⅰ 인강한편 듣기○ EBS N제 수학 B형 25문제○ 자이스토리 문학 A형 16문제 X 대성 머머역 영어 B형 13문제○ 숨마쿰라우데 수학Ⅱ 20문제○ 수능완성 물리Ⅰ 14문제○ 수능완성 화Ⅱ 20문제○	16 효정's 모의고사 물리Ⅰ 인강한편 듣기 풍산자 기하와 벡터 수능완성 물리Ⅰ 2 수능완성 화학Ⅱ 영어 연계교재 숨마쿰라우데 수능
18 자이스토리 독서 24문제○ 영어 모의고사 50문제○ 풍산자 기하와벡터 40문제○ 수능의 정석 수학Ⅰ 40문제○ 물리Ⅰ 인강한편 듣기○ 수능완성 물리Ⅰ 14문제○ 수능완성 화학Ⅱ 16문제○	19 국어 모의고사 45문제○ 영어 연계교재 복습 20문제○ 사관능길 기출 수학Ⅰ 20문제○ 수능완성 화학Ⅱ 20문제○ 물리Ⅰ 인강한편 듣기○ 수능완성 수학Ⅰ 40문제○	20 수능완성 수학Ⅰ 52문제○ 자기소개서 쓰기○ 영어 연계교재 복습 12문제○ 물리Ⅰ 인강한편 듣기○ 수능완성 물리Ⅰ 20문제○ 수능완성 화Ⅱ 14문제○ 나비효과 프린트 3문제○	21 수능완성 수학Ⅰ 60문제○ 영어 연계교재 복습 14문제○ 수능완성 물리Ⅰ 14문제○ 수능완성 화학Ⅱ 14문제○ 수능완성 국어 실전편 45문제○ 수능완성 영어 실전편 45문제○ 물리Ⅰ 인강한편 듣기○	22 수능완성 수학 실전편 60문제○ 수능완성 물리Ⅰ 14문제○ 수능완성 최학Ⅱ 14문제○ 물리Ⅰ 인강한편 듣기○ 자이스토리 문학 A형 16문제○ 마져슨 수능길 화학Ⅱ 20문제○ 영어 연계교재 복습 7문제○	23 물리Ⅰ 인강한편 수능완성 수학 실전편 수능완성 물리Ⅰ 14 수능완성 화Ⅱ 자이스토리 문학 영어 연계교재 숨마쿰라우데 수능
25 자기소개서 수정하기	26→ 물리Ⅰ 인강한편 듣기○	27 수능완성 물리Ⅰ 14문제○	28 수능완성 국어 실전편 22문제○	29 수능완성 물리Ⅰ 14문제○	30 수능

계획의 실행 여부를 솔직하게 표시하고, 미실천 계획에 대한 만회 전략을 세워보자. 한 달 전체에 걸친 학습 내용을 한눈에 확인하고, 스스로 피드백을 해보자.

목표 성취도를
세분화하여 기록하자

자신만의 세분화된 달성 표시를 한다

효과적으로 성취도를 표시하기 위해 단계를 세분화하자. 예를 들어, 개별 항목에 대해서 O/X와 같이, 했다/안 했다로 표시하는 게 아니라 △(하긴 했는데 부족함), ☆ (아주 만족스러움), →(다음 날로 미룸) 등 자신만의 기호를 추가해보는 것이다. 또한 자신의 하루를 Excellent, Very Good, Good, Not Good, Bad로 나누어서 평가하거나 마치 대학교에서 학점을 매기듯 하루에 대해 A+, A, B, C, F로 평가할 수도 있다. 또한 아예 '참 잘했어요' 도장을 구매하여 특별히 만족스러운 날에만 도장을 '쾅' 찍어줄 수도 있다.

이처럼 성취도를 세분화하여 기록하면, 지난 한 주 또는 한 달을 돌이켜 볼 때 자신이 얼마나 열심히 살았는지 '한눈에' 알 수 있다. 이는 자기반성이나 앞으로 학습 계획을 세우는 데에 큰 도움이 된다. 또한 한 번 Excellent나 A+을 받으면 계속 받기 위해 그다음 날도 열심히 하게 되는 긍정적인 효과도 있다.

서울대 선배의 말

"스스로 하루를 평가하는 시간도 꼭 가졌는데, 순수 공부한 시간과 계획의 실천 여부를 기준으로 하루를 Excellent, Very Good, Good, Not Good, Bad로 나누어서 평가했다. 한 번 Excellent를 받으면 계속 받고 싶어졌고, Excellent를 스스로 주기 위해 노력을 많이 했다."

O, △, X, → 등으로 기호를 세분화하여 성취도를 보다 정확하게 측정하자.

모든 목표를 다 이루고 뿌듯한 날에는 '참 잘했어요' 도장을 쾅!

자기만의 기준으로 A, B, C, D 등급을 매겨 하루를 평가하자.

ACTION 10 순수 공부 시간을 측정하고 통계화 하자

스톱워치로 집중하여 공부한 시간을 측정한다

스톱워치로 하루의 공부 시간을 측정하고 매일 기록하자. 자투리 시간을 적극적으로 활용하면 단 1분 1초도 헛되이 보내지 않을 수 있고, 공부 시간이 점점 늘어날수록 성장하는 자신을 보며 만족감을 느낄 수 있다. 측정 시 주의할 점은 공부에 집중하지 않을 때는 양심적으로 스톱워치를 멈춰야 한다는 것이다. 쉬는 시간, 화장실 가는 시간, 물 마시는 시간, 잠시 딴 생각한 시간, 수업 시간 등은 모두 제외하고, 오로지 자신이 집중해서 공부한 시간만 측정해야 한다. 왜냐하면 순수하게 집중해 공부한 시간을 측정해야만 스스로 얼마나 노력했는지 객관적으로 파악할 수 있으며 진짜 공부 시간을 제대로 늘릴 수 있기 때문이다. 진짜 공부한 시간 외에 무관한 활동까지 포함하면, 공부를 많이 했다는 착각 속에 빠질 수도 있으므로 주의하자.

하루의 공부 시간을 측정하고 만족스러운지 생각해보자.

취침 시간	AM 1:40		AM 1:40		AM 1:40		AM 1:40	
	9시간 17분		11시간 1분		9시간 1분		9시간	

공부 시간을 측정하면 스스로 만족할 만큼 공부했을 때, 그리고 자신의 역대 기록을 깼을 때 뿌듯함을 느낄 수 있다.

공부 시간 통계를 만든다

한 주간의 공부 시간을 합산하여 통계를 내보자. 이번 주 평균 시간도 내보고, 과목별 공부 시간도 합산해보자. 다른 친구의 공부 시간과 단순히 비교하기보다는 공부 시간이 얼마나 늘고 있는지, 낭비 시간들을 최소화하고 있는지, 그리고 같은 시간을 공부하더라도 얼마나 집중력 있게 공부하고 있는지를 판단해보도록 하자.

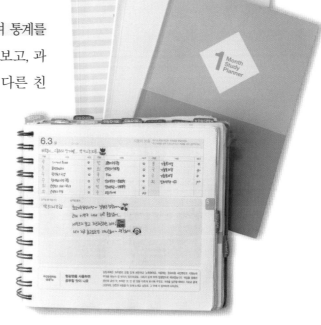

일주일 총 학습시간

약51시간?!

일주일 평가

최고기록 달성이닷~ 잘했어 잘했어~
근데 이번주 내내 너무 흔들렸어...
너무르지 말고 차근차근하는 거야! I'm HERE
너가 지금 놀고있는건 아니잖아~ 괜찮아.

일주일 총 학습시간

38시간정도?!

일주일 평가

조금은 실망이네...
(엄청) 열심히하지 않았나?!
계속하다보면 어떻게든 되겠지~
긍정적으로 생각하자!

이번 주, 총 학습 시간이 어떻게 달라졌는지 살펴보고, 왜 그렇게 달라졌는지를 분석해보자.

그날의 총 공부시간을 계산해서 기록해 보세요.

이번주 총 학습시간	월	화	수	목	금
	8:23	7:17	6:30	8:52	.

매일의 공부 시간 변화 추이를 살펴보자.

스톱워치로
내 노력을 측정하자

시크릿 다이어리
인물 인터뷰
04

서울대학교 인문계열 14학번 최예진

Q 자신이 공부한 시간을 매일 기록했는데, 왜 하게 되었고 어떻게 도움이 되었나요?

A 우연히 공부법 책을 보다가 알게 되었는데, 순수하게 공부한 시간만 측정해보니 좋아서 계속하게 되었다. 공부 시간을 다이어리에 적어놓으면, 명확하게 하루 학습량을 알 수 있고 자기 점검이 가능해서 좋다. 그리고 적다 보면 어제 공부한 것보다 많이 하자는 생각이 들어, 공부 시간을 늘릴 수 있는 장점도 있다. 그리고 확실한 공부 시간 측정을 통해 스스로 무엇을 했는지, 얼마나 왔는지, 어디로 가야 하는지를 알 수 있게 된다.

Q&A	
가장좋아했던 과목?	가장싫어했던 과목?
미술	화법과 작문
가장공부가 잘되는장소?	최고로많이 공부한시간?
학교 자습실	14시간
가장낮았던 전교등수?	특기및취미?
전교 12등	그림 그리기

Q 다이어리를 쓰면 어떤 부분이 도움이 되나요?

A 등교를 6시 30분까지 했는데, 아무도 없는 텅 빈 교실에서 다이어리를 작성하면서 하루 할 일들을 정리해보곤 했다. 다이어리 작성을 통해 무질서하게 공부하거나 특정 과목에 치우치는 버릇을 없앨 수 있었고, 과목별 균형을 맞추는 데에 큰 도움이 되었다. 실천하지 못한 계획에 대해서는 빨간색으로 크게 X 표시를 하고, 자신에 대한 칭찬도 아낌없이 하며 공부를 즐겁게 할 수 있었다.

THU 2.14	☑ 어휘끝 2강 마무리 ☑ 국어의기술 Lv.13
	☑ 천일문 562~608 ☆☆☆ 수학고쟁이 ☑
	☑ POWER UP 4회
	☐ RS 9강 + 10강 강의, 11강 8:00:18
FRI 2.15	☑ 국어의 기술 Lv.14 ☐ 어휘끝
	☑ 천일문 609~651 ☑ 고쟁이 Step 2
	☑ POWER UP 5회 ☑ RS 12강 6:08:22
SAT 2.16	☑ POWER UP 6회, ☑ 국어의기술 Lv.15
	☑ 천일문 652~끝까지 669
	☑ 수학과외 - 문제풀기 5:16:56

매일 순수하게 공부한 시간이 얼마나 되는지 측정해 다이어리에 적어둔다.

Q 다이어리
작성이 작심삼일로
끝나지 않기 위한
나만의 방법이 있다면?

A 다이어리를 친구들에게 보여주면, 친구들
이 '대단하다', '멋있다'와 같은 말들을 해주는데, 거기
에 자극을 받고 동기부여가 되어서 계획을 더 세우고 공부를
더 하게 되는 효과가 있다. 더 나아가 학습 다이어리를 서로 공유하면
나도 재미가 있고 친구들도 자극을 받을 수 있으므로 일석이조다. 물론 사적인
이야기는 거의 쓸 수가 없다. (웃음)

Q 내게 다이어리란?

A 학습 가이드이다. 어떻게 공부를 해나가야 할지 알려주니까. 다이어리는 자신의 위치를 확인시켜주고, 앞
으로 어떤 방향으로 가야 할지를 알려준다. 누군가에게는 엄청나게 사소해 보이겠지만, 단언컨대 나는 다이
어리를 작성했기에 서울대학교 입학이 가능했다고 생각한다.

자기 분석 및 파악

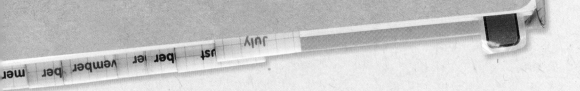

 스스로 질문을 던지고 대화하며 자기 자신을 분석한다

다른 사람을 알기 위해서는 대화를 해보아야 하듯이 나를 알기 위해서도 나와의 대화가 필요하다. 이를 위해서는 스스로에게 질문을 던져야 한다. 스티브 잡스도 자신이 정말 후회 없이 일하고 있는지를 확인하기 위해, 매일 아침 거울을 보며 '내일 죽는다면 오늘 하려던 일을 정말로 할 것인가?'라는 질문을 던졌다고 한다. 이처럼 스스로에게 질문을 던짐으로써 자신을 명확히 파악할 수 있으며 원하는 방향까지 나아갈 수 있다.

시험이 코앞으로 다가와 잠들기 직전까지 공부를 해야 할 상황이더라도 단 5분, 아니면 1분이라도 짬을 내어 하루를 잠깐 돌이켜보자. 이때 스스로에게 질문을 던지는 것이 좋다. 서울대생들은 다이어리에 하루 또는 한 주의 삶을 스스로 평가하는 경우가 많았다. 자신의 모습과 행동을 되돌아보며 자기 나름의 분석적인 글들을 적었는데, 이때 자기 성장에 초점을 맞춘 질문들이 많았다. 다음에 소개할 서울대생들의 실제 사례들을 이해하고 살펴보면 도움이 될 것이다.

더불어 주기적으로 자신을 되돌아보는 것도 중요하다. 큰 흐름 속에서 내가 성장하고 있는지, 아니면 여전히 그대로인지를 알아야 하기 때문이다. 일주일이든 한 달이든 자신이 꾸준히 기록했던, 성취도 분석을 바탕으로, 자신을 객관적인 시선으로 바라보자. 주관적인 느낌으로 자신이 성장하고 있다는 착각에 빠지지 않도록, 항상 객관적인 기록을 근거로 자신을 분석해보자.

 하루에 단 5분, 아니면 1분이라도 짬을 내어 하루를 잠깐 돌이켜보자.

EBS 기필코 정복!

언어
수능특강 ◉◉◉◉○
인터넷 수능 운문 ◉◉○○
인터넷 수능 산문 ◉◉○○
인터넷 수능 비문학 ◉●○○
300제 ◉●○○
수능완성 유형편 ◉●○○
수능완성 실전편 ◉●○○

9 /19 까지 동그라미 2개 채우기

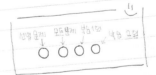

김병소 수업교재 & 프린트 복습 ○○
김동욱 우수문항 문학 ○
김동욱 우수문항 비문학 ○
기출문제 분석 ○○

수리
수능특강 수Ⅰ ○○○
수능특강 미적분과 통계기본 ○○○
수능완성 수Ⅰ ○○○
수능완성 유형편 미통기 ○○○
수능완성 실전편 미통기 ○○○

유재원 1단계 교재 수Ⅰ·미통기 복습 ⊕ 필기노트 복습 ○○
유재원 마고소양 제대로 풀기 ○○

ACTION 11

정말 '최선'을 다했는지 스스로에게 물어보자

'정말로 최선을 다했는가'라는 질문을 던져보고 답해보자

다른 사람은 속일 수 있어도 자신은 속일 수 없다. 진정한 노력은 다른 사람이 감동할 정도의 노력이 아니라 자신이 감동할 정도의 노력이라는 말도 있다. 이처럼 스스로가 인정할 수 있을 때 진정으로 최선을 다했다고 볼 수 있다. 하루나 한 주를 돌이켜보면서도 스스로에게

'정말로 최선을 다했는가'라는 질문을 던져보는 것이 중요하다. 물론 공부 분량을 모두 채웠고 공부 시간도 많았다면 최선을 다했다고 볼 수 있다. 그러나 그것들을 채우는 과정에서 정말로 많이 배웠는지, 진정한 성장이 일어났는지, 진심으로 공부했는지는 알기 어렵다. 계획한 분량을 다 채웠어도 아쉬움이 남을 수 있고, 다 실천하지 못했어도 뿌듯할 수 있다. 학습에서 궁극적인 목적은 분량 채움이 아닌 배움이기 때문이다. 겉으로 보이는 형식을 채우는 공부가 아닌 진정으로 배우는 공부를 하기 위해서 반드시 스스로에게 직접 물어보아야 한다. 매일, 최선을, 다하고 있는지를 말이다.

최선의 노력과 진정한 배움으로 이끌어주는 질문들

• 어제보다 더 나아졌는가?
• 오늘 정말로 최선을 다했는가?
• 진정한 배움이 있었다고 생각하는가?
• 되돌아볼 때 뿌듯하고 만족감을 느끼는가?
• 이대로만 한다면 장기적인 목표에 도달할 수 있는가?

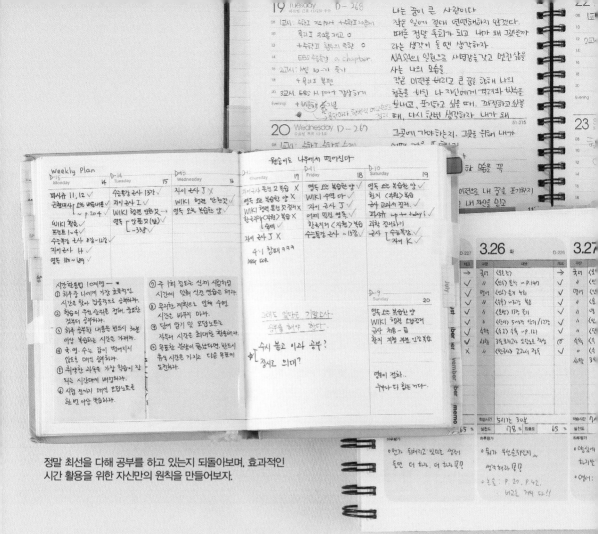

정말 최선을 다해 공부를 하고 있는지 되돌아보며, 효과적인
시간 활용을 위한 자신만의 원칙을 만들어보자.

실천도	20	40	60	80	Perfect

하루평가 별로 끌지는 않았는데 ~ 누는시간에
딴것을 많이 한 것 같다ㅠ 최고 6시간은
해야지! 이제 누는시간에 안볼거야!
수학때문에 아무것도 못하고 참...ㅠ

뿌듯하지 않은 데에는 다 이
유가 있다. 그 원인을 꼭 분
석해서 글로 적어보자!

하루평가

○양심에 찔리는 공부는
　하지말자! 쿵

○영어: 답에 대한 근거를 찾자!

하루평가 왜 7시간 밖에 못한거야ㅠ
시간이 그렇게나 많았는데ㅠㅠ

생각보다 많이 못 했으면 스스로를 혼내주자!

진짜 공부를 하자!

93

ACTION 12
자신의 문제점과 약점을 발견하는 질문을 하자

자신의 문제점과 약점이 무엇인지
철저하게 분석한다

사람에게는 누구나 고쳐야 할 습관들이 있다. 나쁜 습관이라도 자신이 제대로 노력하면 시간이 좀 걸리더라도 고칠 수 있다. 그러나 절대로 고쳐지지 않는 나쁜 습관이 있다. 그것은 나쁜 습관인지조차 인지하지 못하고

있는 것들이다. 그러나 모른 채로 살아가면 고치려고 노력할 수도 없다.

자신의 나쁜 공부 습관이나 문제점, 약점 등을 고치려고 노력하기 전에 먼저 나에게 어떤 문제점이 있는지를 제대로 파악하는 것이 무엇보다도 중요하다. 지금까지 계획 성취도를 표시했던 다이어리를 돌이켜보면서, 가슴이 뜨끔하고 소름이 돋을 만큼 스스로를 냉정하게 비판해보고, 자신이 목표한 대로 계획이 이루어졌는지를 솔직하게 질문해보자.

자신의 문제점 파악을 위한 질문들

• 왜 오늘 이렇게밖에 못했을까?
• 나의 본질적인 문제점은 무엇인가?
• 성적 향상을 가로막는 가장 큰 문제는 무엇인가?
• 내 마음속에 있는 두려움과 걱정은 무엇인가?
• 공부에 몰입하지 못하고 집중력이 떨어지는 이유는 무엇인가?

서울대 중어중문학과 13학번 流学院
1년최선을다해! University

김보미의 문제점
① 쉬는시간에 복습을 안한다 → N제1속독 영어읽고나서
② 영청을 걍 아무 이유도없이 싫어한다
   영청이어야 수능완성 미국의 영역이다
③ 시간을 재고 긴장감있게 공부하지않고
   될대로 되라는식으로 늘어지게 공부한다

www.istongji.com.cn

자신을 다른 사람이라고 생각하고, 창피할 정도로
적나라하게 문제점을 적어보자.

3. 고쳐야 할 부분 짚고 넘어가기
   공부한 것보다 논 얘기가 더 많다.
   좀더 묶어두어야 할 필요가 있다.

4. 나 자신에게 하고 싶은 말
   계획을 지키세요.   집중 하세요.
   상처 주지 말아요.   유혹당하지 마세요.

오늘 만족스럽지 못한 것은 꼭 메모하여 개선하도록 하자.

일단 명심할거 '즐거운 마음으로'
이제. 나를 비판해보자. 신랄하게

1. 욕심이 너무 많아

2. 겸손과 침착이 습관적으로 사라져가. →그좋아

3. 한가지 일을 꾸준하게 못해

4. 미래 지향적이야. (너무)

5. 쉽게 질려

6. 한가지에 집중해야 할 때도 하지 못해

7. 의지력이 약해

건설적인 자기비판의 시간을 갖자.

개선 방안.

1. 떡가지를 버리자. 버리기 싫으면 다버려야 할거야.

2. 하루에 100번씩 겸손, 침착을 담고 살자.

3. 계속 할 수 있는 말을 만들자. (의욕이 도움을 받어)

4. 의식적으로 '이번 일을 내다보면 여기까지하고 다시 일을 봐야하'라고 약속하자.

5. 싫려질 일을 =억지로 하지 않는 일.

6. 명상하자. 될때까지 명상하자.

7. 난 의지력이 강하다. 생각하자.

하루평가
무언가 뒤쳐지고 있다는 생각이
들면 더 하자. 더 하지 뭐!!

걱정과 불안을 떨쳐낼 방법에 대해
서도 생각해보자.

나름 마음먹고 시작한 청주...
나에게 많이 실망스럽다.
일탈을 하고 싶은 땐
   그름게 함으로써 ◎ 일요일 밤에
      할 우리를 미리 생각해 보자!!

자자...
주말에 공부는 안해도
알짜 자늘 연습만 하자!!

아주 작은
개선부터
시작하자.

ACTION 13 자신의 잘한 점과 강점을 발견하는 질문을 하자

작은 것이더라도 나를 칭찬해 줄 것이 무엇인지 생각해보자

스스로 잘하고 있다는 사실을 느끼는 것만큼 기분 좋은 일도 없다. 다른 사람들이 칭찬을 해주거나 시험 성적이 오르는 일도 물론 좋지만, 그런 일은 사실 자주 일어나지 않는다. 그러기에 외부로부터의 요소들에 의존하기보다는 나라는 내부에서 다이어리 작성을 통해 장점을 찾아가는 것이 좋다. 스스로를 칭찬하면서 만족감을 느끼

고, 그 행동을 반복하면 곧 습관으로 자리 잡을 수 있기 때문이다. 엄청난 공부 성과만 칭찬하는 것이 아니다. 목표한 시간만큼 공부를 한 것, 친구와 놀고 싶은 유혹을 참고 도서관에 가서 공부한 것, 짧은 시간이라도 집중력 있게 한 것, 아침에 일찍 일어나 밥을 챙겨 먹은 것, 쉬는 시간에 1~2분이라도 복습한 것 등 아무리 작은 것이어도 콕 짚어서 칭찬해주면 좋다.

자신의 잘한 점과 강점 파악을 위한 질문들

• '어제의 나'보다 '오늘의 나'가 나아진 점은 무엇인가?
• 오늘 가장 잘한 점, 자랑스러운 점은 무엇인가?
• 오늘 진정으로 배우고 깨달은 점은 무엇인가?
• 다른 친구들은 힘들고 어려워하지만 나는 잘해낸 것은 무엇인가?
• 평소와 달리 새롭게 시도해보았는데 좋았던 것은 무엇인가?

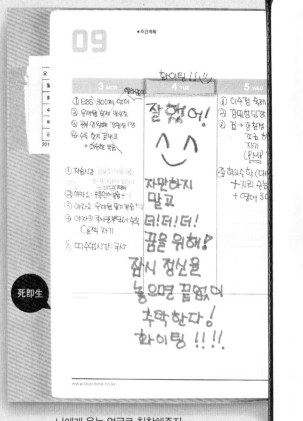

나에게 웃는 얼굴로 칭찬해주자.

자기비판을 하기 전에 칭찬을 먼저
해주는 센스도 때론 필요하다.

태도, 자세, 성실함. 밝은 마음
들도 작아 보이지만 훌륭한 것
이므로 칭찬해주자!

한 주간 계획을 잘
지켰는지 확인하
고 스스로를 칭찬
해주자.

하루 한 줄 평으로
자신을 평가하자

서울대학교 재료공학부 10학번 승현찬

Q 자신이 보낸 하루에 대하여 한 줄 평을 매일 적었는데, 어떤 기준으로 자신을 평가했고 이것이 자신에게 어떻게 도움이 되었나요?

A 한 줄 평은 하루를 되돌아보며 나름의 평가를 해보고 싶어서 적기 시작했다. 아무래도 공부를 하는 순간에 여러 가지 유혹이 찾아오고, 누구나 외부 조건에 영향을 받아 계획에 차질이 생기면 자기합리화를 하기 마련이다. 하지만 이를 극복하기 위하여, 자기 직전 하루를 마무리하는 시점에 자신에 대해 좀 더 객관적인 평가를 하고자 한 줄 평을 적었다.

Q 다이어리를 주로 어떤 목적으로 활용했나요?

A 자기관리의 목적으로 활용했다. 공부에 흥미를 붙여야 더욱 열심히 할 수 있는 스타일이었기에, 스스로에게 꾸준한 동기부여가 가장 중요하다고 생각했다. 이를 위해 작은 목표들을 설정하고 달성하는 것부터 시작했고, 실제로 이 목표들을 이루면서 쾌감을 많이 느꼈다. 더 큰 쾌감을 느끼기 위해 목표를 하나둘씩 늘려가게 되었고, 이 때문에 지속적으로 노력할 수 있었다.

Q&A	
가장좋아했던 과목?	가장싫어했던 과목?
물리	도덕
가장공부가 잘되는장소?	최고로많이 공부한시간?
학교 독서실	12시간
가장낮았던 전교등수?	특기및취미?
전교 50등	운동

주 · 간 · 계 · 획

7.30~8.5

구분	학습내용 / 범위
언어	메가스터디 / EBS 3002 인강 / 10 더블체크 모의고사
수리	이적기본 모의 8회 / 강남학력고사 4회 10주완성 8회 4회 / 오리라
외국어	수행평가 / 영어듣기 1회 /
과탐	물리, 지학, 생물 I 파이널 모의고사 물H
논술	가우스 한편.
내신	바로 복습.

공부 시간 측정, 질문거리 메모, 실행 여부 표시 등 다른 액션 요소를 활용하는 것도 물론 중요하지만, 하루에 대한 평가를 적어보면서 자신을 파악하고 분석하는 습관을 갖자.

Q 다이어리가 어떤 점에서 도움이 되었나요?

A 시간 관리를 제대로 하는 데 도움이 되었다. 실제로 공부한 시간과 공부할 수 있었던 시간을 비교하면서, 하루 동안 얼마나 공부했는지를 파악했다. 공부한 시간을 체크하게 된 이유는, 하루를 마무리하고 집에 가면 항상 부모님께서 오늘 하루는 어땠냐고 여쭤보셨는데, 객관적 지표로 보여드리기 위해서였다. 일주일 동안 해보고 나니, 실제 공부한 시간과 공부할 수 있었던 시간의 차이가 큼을 알 수 있었고, 이 차이를 최대한 줄이기 위해서 노력했다.

하루를 마감하기 전,
자신을 되돌아보며
한 줄 평을 남긴다.

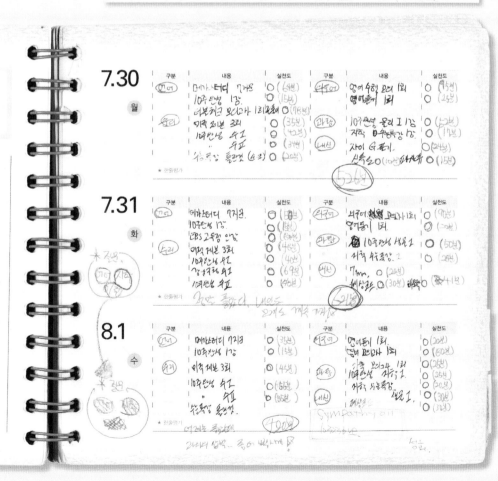

학습 전략 수립

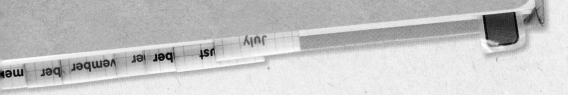

약점에 집중하고 시행착오의 반복을 통해

자신만의 공부 전략을 완성한다

공부는 남들이 모르는 것이 아닌 '내가' 모르는 것을 배우는 과정이다. 따라서 남들이 다 아는 상식일지라도 나에게는 그 개념이 명확하지 않을 수도 있다. 그래서 아무리 쉬운 것이라도 내가 모르면 모른다는 사실을 솔직히 인정하고 그것을 배우고자 하는 자세가 중요하다. 내가 잘 모르는 부분에 집중하기 위해서, 먼저 부족한 과목은 무엇인지, 부족한 단원은 무엇인지 파악해야 한다. 다음으로 자신의 약점을 보완하기 위한 공부 전략을 세우고 마지막으로 계획에 따라 공부를 하고 피드백을 통해 잘된 점, 부족한 점을 다시 파악하여 공부 계획과 전략을 재조정해야 한다. 이 과정에서 항상 내가 모르는 것에, 약점에 집중해야 한다는 것을 잊지 말아야 한다.

또한 공부 계획을 세울 때 가장 중요한 것은 계획을 어떻게 세우는지가 아니라 '계획→실천→문제점 파악→계획'을 반복하는 것이다. 완벽한 계획이란 없으며, 모든 사람에게 잘 맞는 계획도 없다. 따라서 나에게 적합한 공부 계획을 세우고, 그에 따라 공부를 하는 것이 중요하다. 그렇게 처음에 시행착오를 겪더라도, 보완하고 다시 시도하면서 최적의 학습 조건을 스스로 찾아보자. 이처럼 '계획→실천

→ 문제점 파악 → 계획'의 반복을 통해서 모르는 것을 충분히 이해할 수 있다. 서울대생들은 자신들의 약점을 보완하기 위한 전략을 수립했다. 과목별 전략, 단계별 전략 등 그 전략 또한 다양했다. 이때, 자신의 약점을 명확하게 파악하고 계획을 구체적으로 세울수록 도움이 된다. 물론 처음부터 제대로 된 전략을 세우는 일이 쉽지만은 않다. 그러나 서울대생들도 단번에 학습 전략을 세우고 자신의 약점을 보완한 것은 아니었다. 단지 점차, 지속적으로 보완했던 것이다. 처음에는 약간 허술하고 부족하게 느껴지더라도 나름의 학습 전략을 세워보고, 반복을 통해서 보완해 나가려는 자세가 중요하다.

'계획→실천→문제점 파악
→계획'을 잊지 말자.

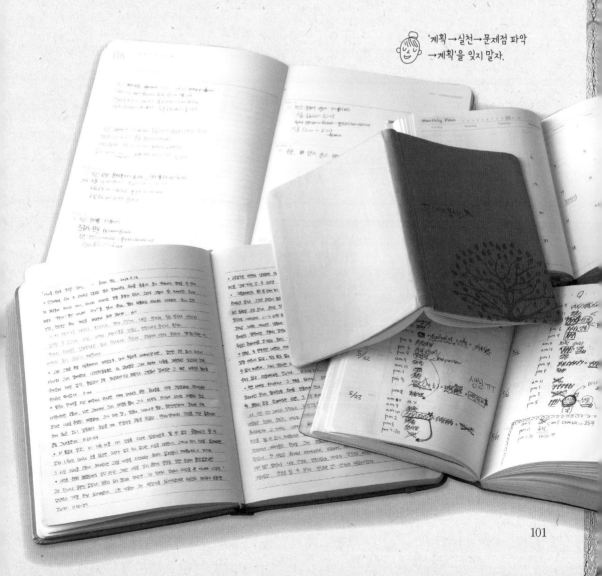

ACTION 14

헷갈리는 내용과 질문은 수시로 메모하자

헷갈리는 내용들을 다이어리에 적어둔다

머릿속에 잘 들어오지 않는 수학 공식, 영어 단어, 국사 지식… 헷갈리거나 자신이 자주 틀리는 문제에 가장 바르게 대처하는 방법은 반복해서 복습하는 것이다. 학습 내용을 다이어리 곳곳에 적어 두어 자주 펼쳐볼 수 있게 하자. 빈번히 보이면 기억에 오래 남으니 다이어리의 빈 공간을 효과적으로 활용해보자.

> ── 서울대 선배의 말 ──
>
> "수업 시간마다 떠오른 질문들은 다이어리에 모두 적어 선생님들께 항상 물어봤다. 만약 다이어리를 쓰지 않았다면 질문 자체를 잊어버리게 되어 많이 못 했을 것 같다. 그러나 질문하지 않고 모르는 것을 그냥 넘기면 꼭 시험 볼 때 후회하게 된다."

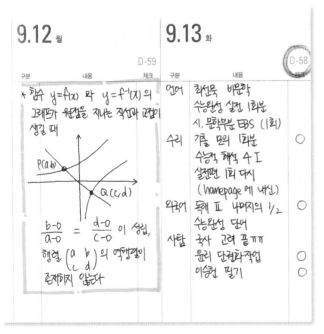

깔끔하게 핵심 개념을 기록해놓고
자주 보아 익숙해지도록 하자.

오늘 나를 괴롭힌 내용은 자주 보게 되는 다이어리에 적어 놓는다.

질문할 내용을 다이어리에 적어둔다

궁금한 것, 애매한 것, 의문이 생긴 것들을 떠오르는 대로 모두 다이어리에 적어 두자. 그리고 기회가 생길 때마다 선생님이나 친구 등에게 질문하여 해결하자. 질 문들 하나하나는 사소해 보이지만 그 질문을 해결하면서 알게 되는 내용들까지 합치면 절대 작지 않으므로 확실히 알 때까지 질문하자. 또한 작은 것이라도 놓 치지 않는 자세가 결국에는 성적의 큰 차이를 만들기 때문에 질문들을 흘려버리 지 말고 항상 적어두는 자세가 필요하다.

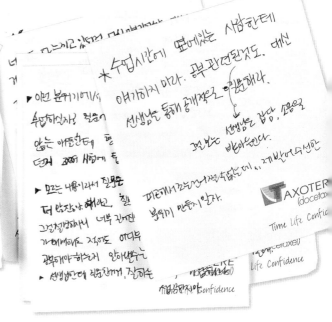

공부하면서 궁금했던 것들을 간단하게 메모해두자.

진로나 입시, 생활과 관련된 궁금증도 평소에 메모하고 질문하는 습관을 갖자.

질문할 때의 마음가짐도 적어두어 질문을 생활화 할 수 있는 자세를 갖추자.

ACTION 15

과목별 약점을 보완하는
구체적 학습 전략을 세우자

시험 후에는 과목별로 약점을 분석한다

내신 시험이나 모의고사를 치른 후에는 과목별로 틀린 문제를 분석하자. 예를 들어, 적어도 80점 이상은 받을 것이라고 예상했는데 실제로 70점을 받았다면 무엇이 문제였는지를 철저하게 분석해야 한다. 시험 때 컨디션이 좋지 않았던 건지, 내가 모르는 문제가 많았던 건지, 긴장을 많이 했던 건지, 계산 실수나 착각을 많이 했던 건지 등 구체적으로 어떤 부분이 부족했는지를 살펴 보고 분석하는 습관을 갖자.

서울대 선배의 말

"학교 시험 또는 모의고사가 끝나면 바로 피드백을 했다. 실수한 것들이나 부족한 부분들은 시험 끝난 직후 바로 적으면서 반성을 했다. 실수라는 게 불안했을 때 하게 되는데, 불안한 감정을 언제 느끼는지, 그럴 때 어떻게 마음을 먹으면 될 지를 다 적어두면서 의연함과 침착함을 기르려고 노력했다."

3/29 모의고사 수리 느낀점 / 평가
① 내가 못한 점 - 문제를 제대로 안 읽었다
            - 너무 성급하게 풀었다
            - 기본개념을 제대로 적용하지 못했다
② 틀린 부분 : 지수로그 개념, 상용로그, Sn의 개념, 발견적 추론 수열
            행렬 응용(장문문제) $(a_1 \neq S_1)$
③ 앞으로의 다짐!
    지수로그 part 복습해야해 ✕ (시험준비 하면서 경사경사 하기)
    개념은 기본적으로 암기할 것!
    차근차근 푸는 자가 승리한다!

시험을 보고 나서 스스로의 진단과 다짐을 글로 써보자!

도저히 수리 영역에서 백수가 끌어들지 않는다.
왜이럴까...? 왜 이렇게 나도 모르는 사이에
성급하게 풀게 되는 걸까?... 휴... 방법은 하나다
연습을 통해서 실수를 안하도록, 성급히 풀지 않도록
하는 수 밖에... 그리고 때에 확신을 갖되,
확신을 갖지 말자! 무슨 말인지 알겠지?^^
그리고 이방법 왠지 좋은 것 같애! ㅋㅋㅋ
뭔가 가능성이 보인다! 힘내자!

실수를 자주 하는 원인을
분석하는 시간을 갖자.

같은 실수를 반복하지 않기 위해 과목별로 구체적인 전략을 세운다

약점을 분석했다면 그에 맞는 구체적인 해결책과 공부 전략을 정리하자. 개념서를 더 봐야 하는지, 문제를 더 풀어야 하는지, 인터넷 강의를 더 들어야 하는지, 마인드컨트롤에 더 신경 써야 하는지 등 다각도로 해결 방안을 생각하자. 약점을 제대로 분석했다면 최선의 전략이 무엇인지 자연스럽게 알 수 있다. 만약 그래도 어렵다면 책이나 멘토의 조언, 친구의 방법, 선생님과의 상담 등 다양한 시도를 할 필요가 있다. 단, 한꺼번에 모든 것을 바꾸겠다는 생각보다는 작은 것부터 하나씩 변화해보려 노력하는 것이 더 현실적이고 효과적이므로 단계별로 차근차근 학습 전략을 세우자.

〈 이번에는 전부 시간 부족해서 후덜덜ㄲ 빨리푸는 습관 좀만 들여야겠다! 〉

공부계획 반성-
언어는 지금처럼만 유지하자. 스피드 올리고 - 인터넷 수능 봐야지!
수리는 EBS 교재 여러번 돌리면서 개념, 유형 완벽하게 정리하고 (쯔ㅠ, 수능특강)
  기출, 고난도 문제로 마무리 하자! (수능기출 + 풀면 될 듯??)
외국어는 듣기에 집중하는 연습 (시끄러울 때 듣기!) → 점심, 석식시간 N고운 교실에서 듣자!
  문법은 수업시간에 들은 것 마스터만 해도 될것같다 정리노트 따로 만들자!!
  백지광범, 정독기법, 영작법의 유형 잘 연습하자 ── 애걸러더라도 조급하지 말것!! 성급반기-
  어휘는 꼭 - 틈틈이 외워야겠다! (how?? 나올 때 마다 미니수첩에 정리!
  → 수능특강, 인터넷 수능   급식실에서 보는것 부끄러워 말자ㅠ
  → 고난도 문제는 자이프리미엄 틀리거나 어려운유형   보기만 하지앟고 머리속으로 계속 방각하고~
     EBS 상위 1%의 비밀   발음을 알고 외워야지!! 주말에는 단어장에 정리하기!)
사탐은 이번에 또ㅠ 둥령둥령 읽는 바람 모겠ㄸㅠ 문제, 보기, 은-둥 꼼꼼히. 그속에 답이 있다구 ~
  근현... 똑같이 이번에 공부 안했다... 인정! 국사도 꼬꽁고ㅠ 국사는 명건이 말처럼 일단 교과서를
  마스터 해야겠다. 자이스토리 사서 풀어야지ㅠㅠ 수업시간에 절대 폭제말고!
  그 시간에 끝내겠다는 마음으로 경청 할거야!!

시험 후 평가 스스로 만족스러운 부분은 칭찬을, 아쉬운 부분은 반성을 해보세요. 다음 시험에는 더욱 좋은 결과를 얻을 수 있습니다.
언어: 내맘먹도 썅먁 X
수리: 빨리푸는 연습 필요! 시간 있었으면 풀수 있었을 문제들ㅠ 도형이 약쩜해질것!
외국어: 듣기 집중!! 빨리풀자~ 차분하게
사탐: 근현은ㄲ 사문 문제 꼼꼼히 읽기! 국사는 개념다지자ㄲ

시험을 보는 동안에 어려웠고 막혔던 것들을 구체적으로 회상하는 시간을 갖자.

문제점 분석. <무엇이 이 작은 차이를 만들었나.>

언어영역.

- 문제의 시작이라고 할 수 있는 첫 걸음은 언어영역의 듣기에서 시작되었다. 6월의 것과 비교했을 때, 9월의 듣기 문제에서는 수험자의 바른 자세가 보이지 않는다. 바른 자세로 정착하지 않음으로써 바른 풀이 자세를 갖지 못한 신호탄이 된 것이다.

- 9월의 쓰기 문항에서는 수험자의 우유부단함이 여실히 드러났다. 정답이 확실한 문항에서 시간을 끌어서 전체적인 시간 안배의 불균형을 초래했다.

- 비문학 영역에서는 6월, 9월 모두에서 문제점이 드러났다. 6월의 비문학에서는, 지문을 정확히 읽지 않고 밑줄만 잔뜩 그어 놓은 느낌을 받았다. 내용을 제대로 파악하지 않고 넘어감으로써 문제풀이에 시간을 많이 허비할 뿐만 아니라 틀린 문제는 세네개나 발생하는 심각한 문제를 야기했다. 9월의 모의고사에서는 이런면이 많이 줄어든 것이 보였다. 그러나 지문이 비교적 쉬웠던 것을 보면 좀더 정확해질 필요가 있다고 본다. 9월 비문학에서의 가장 큰 문제점은 답에 대한 확신의 부재였다. 쉬운 지문과 쉬운 문제임에도 불구하고 확신이 부족해서 시간을 너무 많이 잡아먹었다. 또 하나는 문제를 정확히 읽지 않았다는 것이다. 특히 신유형의 문제는 꼼꼼히 확인할 필요가 있는데 그 과정이 부족했다.

- 6월과 9월의 문학에서 가장 큰 문제점은 지문에 대한 이해부족과 선지선택과정에서 주관성의 개입이었다. 지문을 빨리 읽으려고 서두르다 보니 지문을 제대로 이해하지 못하고 선지에서 고민하는 일이 빈번했다. 또 선지 선택과정에서 지문을 살피기 보다 선지를 보며 고민하는 나쁜자세도 문제가 되었다.

→ 해결책: 첫 번째 관문인 듣기에서부터 바른 자세로 임하는게 중요하다. 그리고 확실한 답이라면 더 이상 고민말고 빨리 넘어가는게 시간적으로 유리하다. 지문을 읽을 때에도 처음부터 정확히 읽으려 시도하는게 중요하다. 선지선택에서 의 객관성 유지, 주제파악 등도 중요한 문제다. 소설에서는 소설의 각 요소 (인물, 사건, 배경, 문제, 시점)을 파악하며 읽는 것도 큰 도움이 될 것이다. 어휘는 문맥과의 관계를 먼저파악하되, 모순되지 않는다면 사용예를 떠올려 보자.

일기를 쓰듯 자신의 느낌과 행동, 원인, 해결 방안 등을 적어보자.

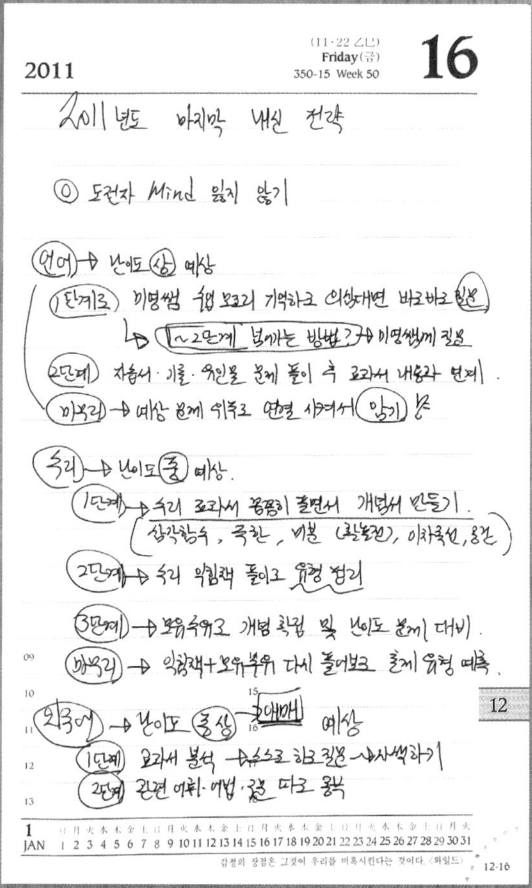
2011
(11·22 乙巳)
Friday(금)
350-15 Week 50
16
2011년도 마지막 내신 전략
⓪ 도전자 Mind 잃지 않기
언어 → 난이도 상 예상
1단계로 미영쌤 수업 보고서 기억하고 의심되면 바로바로 질문
→ 1~2단계 넘어가는 방법? → 미영쌤께 질문
2단계 자습서·기출·원인를 문제 풀이 후 교과서 내용과 연계
마무리 → 예상 문제 위주로 연결 시켜서 암기!
수리 → 난이도 중 예상.
1단계 → 수리 교과서 꼼꼼히 풀면서 개념서 만들기.
(삼각함수, 극한, 미분(활용편), 이차곡선, 공간)
2단계 → 수리 익힘책 풀이로 유형 정리
3단계 → 모의수능으로 개념 확립 및 난이도 문제 대비.
마무리 → 익힘책+모의수능 다시 풀어보고 문제 유형 예측.
외국어 → 난이도 중상 (애매) 예상
1단계 교과서 분석 → 스스로 하고 질문 → 사색하기
2단계 관련 어휘·어법·구문 따로 공부
감정의 장점은 그것이 우리를 미혹시킨다는 것이다. (와일드)

한 번에 모든 것을 바꾸려 하지 말고 단계를 나누어 보완 전략을 세우자.

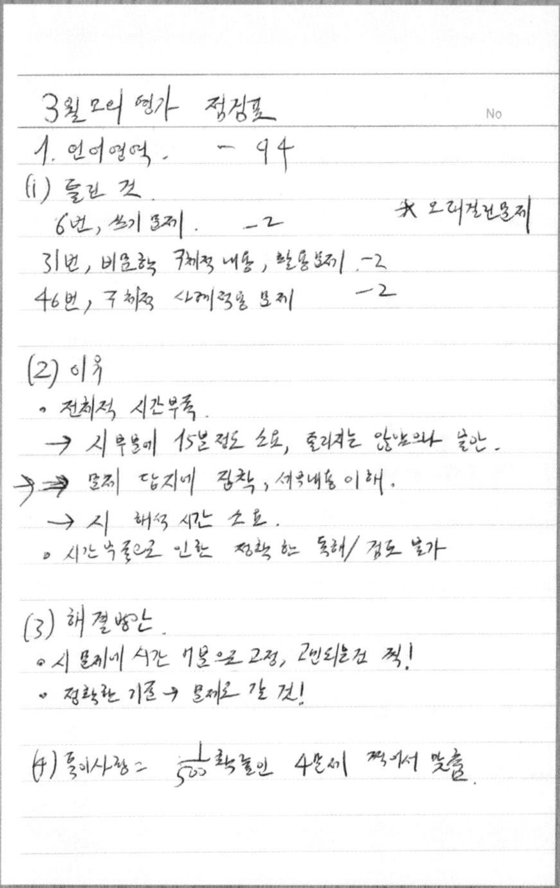
3월 모의 평가 점검표
No
1. 언어영역. - 94
(1) 틀린 것.
6번, 쓰기 문제. -2
★ 오리걸린문제
31번, 비문학 3체적 내용, 활용문제 -2
46번, 구체적 사례적용 문제 -2
(2) 이유
◦ 전체적 시간부족.
→ 시 문제에 15분 정도 소요, 줄여지는 않았으나 불안.
→ 문제 답지에 집착, 세부내용 이해.
→ 시 해석 시간 소요.
◦ 시간 부족으로 인한 정확한 독해/검토 불가
(3) 해결방안.
◦ 시 문제에 시간 7분으로 고정, 2번 읽은건 찍!
◦ 정확한 기준 → 문제로 갈 것!
(4) 특이사항 = 1/500 확률인 4문제 찍어서 맞춤.

간단히 몇 문장이라도 '문제점→원인→해결 방안'의 구조로 생각해보자.

시험 후 반성의 시간을 통해 자신의 전반적인 공부 현황을 점검하자.

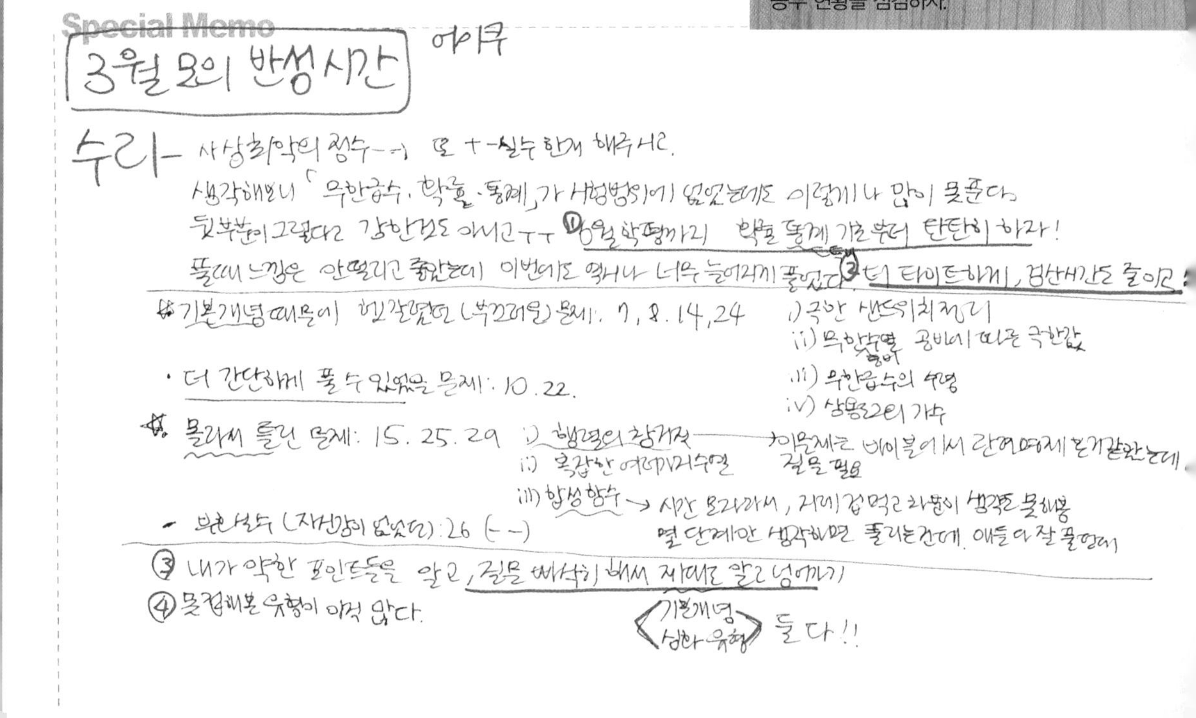
Special Memo
3월 모의 반성시간
어이쿠
수리 - 사상최악의 점수 → 또 +-실수 한개 해주시고.
생각해보니 「무한급수, 확률, 통계」가 시험범위에 없었는데도 이렇게나 많이 못 풀다.
뒷부분이 그렇다고 강한것도 아니고 ㅜㅜ ① 6월 학평까지 확률 통계 기초부터 탄탄히 하자!
풀때 느낌은 안떨리고 좋았는데 이번에도 역시나 너무 늘어지게 풀었다 ② 더 타이트하게, 검산시간도 줄이고!
☆ 기본개념 때문에 헷갈렸던 (부끄러운) 문제: 7, 8, 14, 24
i) 극한 샌드위치정리
ii) 무한등비 공비에 따른 극한값
iii) 무한급수의 수렴
iv) 상용로그의 가수
· 더 간단하게 풀 수 있었을 문제: 10. 22.
☆ 몰라서 틀린 문제: 15. 25. 29
i) 행렬의 참거짓
ii) 복잡한 여러가지수열
iii) 합성함수
→ 이 문제는 비미분이어서 난 어떻게 될까 했는데 질문 필요
→ 시간 모자라서, 지레 겁먹고 하나씩 생각 못해봄 몇 단계만 생각하면 풀리는건데. 애들 다 잘 풀었어
- 단순실수 (자신감이 없었다): 26 (ㅡㅡ)
③ 내가 약한 포인트들을 알고, 질문 해석히 해서 제대로 알고 넘어가기
④ 못겪어본 유형이 아직 많다.
기본개념 심화유형 둘 다!!

시험 후 **냉정한 자기 분석**으로
학습 전략을 세우자

서울대학교 인문계열 14학번 박초흔

Q 다이어리를 왜 작성하게 되었고 주로 어떤 목적으로 작성했나요?

A 고등학교 1학년 때 담임선생님께서 쓰도록 권유했고, 나아가 매주 검사를 했기에 꼬박꼬박 작성하게 되었다. 처음에는 계획 세우는 데에 많은 시간이 걸렸지만, 익숙해진 후에는 시간이 적게 들었다. 더불어 다이어리 작성을 통해 버리는 시간을 최소화하고 자투리 시간을 적극적으로 활용하여 시간을 알뜰하게 사용할 수 있었다.

매주 일요일 밤에 국어-영어-수학 순으로 계획을 세웠는데 계획을 능력보다 조금 더 많이 세우는 편이었다. 체크를 못 한 부분이 생길수록 분발하려고 노력했고, 더 열심히 하기 위해 나만의 다짐을 적기도 했다.

Q&A	
가장좋아했던 과목?	가장싫어했던 과목?
국어, 영어, 수학	물리
가장공부가 잘되는장소?	최고많이 공부한시간?
학교 자습실	14시간
가장낮았던 전교등수?	특기및취미?
전교 48등	영화, 음악 감상

Q 시험 직후에 약점을 파악하고 구체적인 공부 전략을 세웠는데, 실제로 도움이 되었나요?

A 보완 전략을 세워보니 앞으로 어떻게 공부해야 할지 감이 생기고 의지가 샘솟았다. 이 방법을 시도해서 성적이 오르지 않으면 다른 방법을 시도해서 더 나은 성적이 나올 수 있도록 했다. 더불어 마음이 흔들릴 때마다 스스로 약속했으니 지키자는 마음으로 더 열심히 했다. 특히 매주 구체적인 공부 계획을 세울 때도 길잡이가 되었다.

Q 다이어리 작성이 작심삼일로 끝나지 않기 위한 나만의 방안이 있다면?

A 목표 의식을 정립하는 게 무척 중요하다고 생각한다. 고등학교 1학년, 3학년 때에는 선생님이 검사했으므로 꾸준히 쓴 것도 있지만, 다이어리가 나 자신이라고 생각하며 자발적으로 쓴 게 더 많다. 서울대학교에 입학하겠다는 목표를 가지고 동기부여를 하다 보니 자발적으로 꾸준하게 쓸 수 있었던 것 같다.

Q 내게 다이어리란?

A 나 자신이다. 내 시간과 삶이 모두 녹아있는 것이다. 계획 하나하나를 모두 지키고자 했으므로 계획을 지켰을 때 느끼는 성취감도 무척 컸다. 다이어리가 없으면 허전한 느낌이 많이 들었다.

<3월 모의 자체 분석 및 대비>

1. 국어 (97. 97)
⊗ 3점 문제 돌다. 문학(전-국문학, 유-르크기에서 나갔다. 보기 해석 능력이 좀 떨어지는 듯.
그리고 비문학에서 약간 헷갈리는 것들 있다. 감대로 정답 맞추긴 하는데 문제 있다. 그리고
유웨이에서 (옥비어휘2) 들음 고전학 랑 유웨학 문제 나왔을 때 난감하다. 음운 공부의 필요성을 느낀다.

⇒ 모의고사는 하던대로 이틀에 하나씩 정도로 풀자. 시간은 지금 45분 쯤이면 다 푼다. 제대로
신속·정확한 풀이가 필요하다. 그리고 비문학 몰아떠금 매번 한지문씩 푼데, 맞은 문제도 다시
보자. 문학은 근본된 문제처럼 찾아보자. 고전시가에서 그것은 유념하자. 어법은 모든 인수가 있는
걸 보니, 국어 교과서 (2) 참고하자. ⊗ 모든 문제는 "사고의 경로"를 읽어다 쓰라.

2. 수학 (88. 7)
가장 큰 문제는, 쉬운 방법 안 찾고 어려운 방법으로 문제를 풀려 한다는 점이다. 특히 행렬문제에서
자꾸 틀린다. 행렬은 자연스런 듯하다. 이는 사고력 부족 탓도 있다. 계산실수로 유웨이에서 두 개
정도 나갔던 것도 반성. 활당형 문제에서 면에 찾을 것에 유목. 전체적으로 시간이 부족하다. 물론
처음부터 끝까지 풀면 시간이 왕이 남기는 하는데 (5시 60분정도), 모르는 문제에서 자꾸 막힌다.

⇒ 모의고사 출제만 다시 하자. 그리고 어려운 문제 많이 풀어보자. 노트에 정리된 문제를 다시 잘 풀어보자.
그리고 행렬 프린트 (의) 강 수1 수특 행렬파트 다시 풀자. 수특 수1 다시 풀어보게 좋은 듯하다.
자사학교 문제집 - 일주일에 한번은 풀어보도록 노력하자. 어려운 문제 안 풀어봐서가 자꾸
약한 거다.

3. 영어 (93. 92)
3·4의 바침 / 등한시했던 영어. 시민하자. 나 영어
자만했던 영어. 1,2학년 때 점수 제법 잘 나온다 전국 잘한다고 착각했고, 그래서 자만했고, 그래서 넉넉 운행더니 구할에온 듣기 (미친꼬 같숙카카에서
나가고 유웨이에서 무엇 채점 실수로 3점 더 떨어졌다. 다시 보면 정답이 보이니 그만 위에
확한 듯 되는 있는 확신은 가졌다. 반면, 또 반성하자.

⇒ 모의고사는 매일매일 하나씩 풀자. 그리고 맞은 문제 다시 보자. 꼼꼼히, 차근히. 특히 내가 많이 틀리는
빈칸추론 문제. 다시 잘 풀어보자. 빈단 수특 변만 다시 다 풀어보고, 특후로 계속 풀자. 그리고 어휘!!
어휘는 영어의 기본이다. 해팀 학목이 현과 + 인수어휘 달달 타우자. 타우지 않으면 지지 말자.
독해는 시간이 생명이니까 신속한 독해 할 수 있도록 정독히 하자. ↗

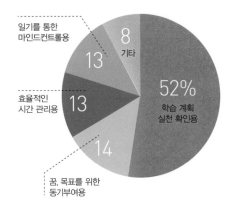

일기를 통한
마인드컨트롤용
13
8
기타
52%
학습 계획
실천 확인용
효율적인
시간 관리용
13
14
꿈, 목표를 위한
동기부여용

01 다이어리를 어떤 용도로 주로 활용하는가?

다이어리는 공부 계획의 실천, 동기부여, 시간 관리 등을 위한 학습의 핵심 도구!

서울대생들은 다이어리를 계획의 실천을 위한 체크 리스트로 활용하는 경우가 가장 많았다. 그 외의 용도로는 동기부여를 극대화하기 위한 수단, 효율적인 시간 관리의 수단, 그리고 고민과 슬럼프 극복의 수단 등으로 다양했다.

02 다이어리와 처음에 어떻게 정을 붙이고 친해지는가?

자주 꺼내보며 의식적으로 다이어리와 정을 붙이려 노력한다!

서울대생들은 다이어리에 정을 붙여가며 지속해서 쓰기 위하여 자주 꺼내보고 항상 들고 다니는 경우가 많았다. 단지 공부 계획뿐만 아니라 가계부나 일기장 등 다른 기능으로 활용하는 경우가 뒤를 이었고, 공부 전에 반드시 계획을 작성하고 공부를 하는 경우도 많았다.

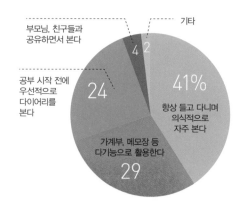

부모님, 친구들과
공유하면서 본다
기타
4
2
공부 시작 전에
우선적으로
다이어리를
본다
24
41%
항상 들고 다니며
의식적으로
자주 본다
가계부, 메모장 등
다기능으로 활용한다
29

공부하기 전후로 수시로 본다 ——— 61%
생각날 때마다 틈틈이 본다
기상 직후, 잠들기 전에만 본다
하루에 1번 정도 본다
기타
2
3
10
24

03 다이어리를 얼마나 자주 보는가?

서울대생들은 공부 전후로 다이어리를 꼭 펼쳐보는 습관이 있다!

서울대생들은 다이어리를 공부하기 전후, 또는 틈날 때마다 펼쳐보는 습관을 갖고 있었다. 다이어리를 통해 자신이 무엇을 하고 있는지, 어떻게 할 것인지, 그리고 앞으로 무엇을 해야 하는지를 파악하며 최적의 공부 궤도를 유지할 수 있었다.

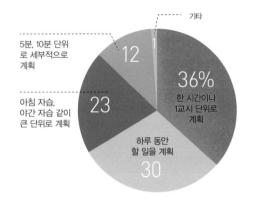

5분, 10분 단위
로 세부적으로
계획

아침 자습,
야간 자습 같이
큰 단위로 계획

기타

12

1

36%
한 시간이나
1교시 단위로
계획

23

하루 동안
할 일을 계획

30

04 시간을 얼마나 구체적으로 쪼개서 계획을
세우는가?

**하루를 다양한 형태로 자신에게 맞도록 쪼개어
계획한다!**

서울대생들은 다이어리를 쓸 때 하루를 다양한 단위
로 쪼개어 공부를 했다. 전체적으로 하루 할 일들만
관리하는 경우도 있었고, 시간이나 분 단위로까지 잘
게 쪼개어 사용하는 경우도 있었다.

05 얼마나 장기적인 계획까지 세우는가?

**일간에서 더 나아가서 주간, 월간 등의 장기적
인 계획을 세운다!**

서울대생들은 매일의 계획뿐만 아니라 주간 계획까
지 세우는 경우가 가장 많았다. 또한 월간, 한 학기
계획을 세우기도 했으며 더 나아가서는 연간 계획과
그 이상의 계획을 세우는 경우도 있었다.

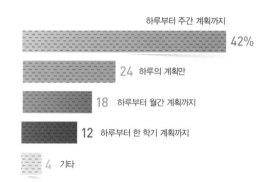

하루부터 주간 계획까지 42%

24 하루의 계획만

18 하루부터 월간 계획까지

12 하루부터 한 학기 계획까지

4 기타

기타

학교나 학원에서
무료로 나눠주는
다이어리 사용

2 10

14

19

55%
실제로 사용하기에
편리하고 지속적으로
애정을 담아 사용할 수
있을지를 고려

칸이 잘 나누어져
있는지만 고려

두께, 색상, 디자인,
칸 넓이 등 모든
요소를 까다롭게
고려

06 다이어리를 고를 때 무엇을 가장 중요하게
생각하는가?

**디자인에 상관없이 자신이 가장 편리하다 느끼
고 애정을 담을 수 있으면 OK!**

서울대생들은 다이어리 구매 시 월간, 일간마다 칸이
잘 나누어져서 메모하기에 편한지를 가장 중요한 요
소로 여겼다. 반면에 여러 가지 조건을 꼼꼼히 따지고
마음에 드는 다이어리를 고르기 위해서 며칠씩 문구
점을 둘러본다는 경우도 있었으며 그런 것 상관없이
자신이 애정을 갖고 지속해서 작성할 수 있는 다이어
리를 고르는 게 중요하다는 답변도 많았다.

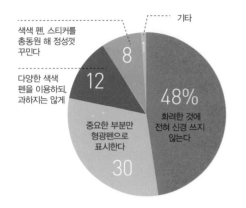

색색 펜, 스티커를
총동원 해 정성껏
꾸민다

기타

다양한 색색
펜을 이용하되,
과하지는 않게

중요한 부분만
형광펜으로
표시한다

8

1

12

48%

화려한 것에
전혀 신경 쓰지
않는다

30

07 다이어리를 얼마나 화려하게 적는가?

화려함보다는 실속을 최우선으로!

서울대생들은 다이어리를 최대한 간단하게 적은 경우가 가장 많았고, 예쁘게 꾸미더라도 너무 많은 시간이 들어가지 않도록 유의하며 작성하는 경우가 많았다. 다이어리를 활용하는 목적이 계획의 실천에 도움이 되기 위함이기 때문에 다이어리 작성 자체에 과도하게 몰입하지 않는 경우가 많았다.

08 다이어리 작성에 들이는 시간은 얼마나 되는가?

꼭 필요한 만큼 시간을 들여 작성하되 과하지 않게!

서울대생들은 다이어리를 단 몇 분에서부터 1시간 이상까지 투자하여 작성했다. 또한 평소에는 간결하게 하되, 주간이나 월간 계획을 세울 때는 좀 더 많은 시간을 투자했다. 계획을 신중하게 세우기 위해 충분한 시간을 투자하되, 계획 자체에 너무 많은 시간을 쏟지 않으려고 노력했다.

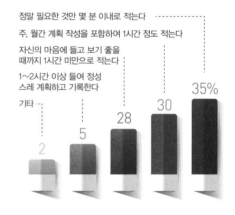

정말 필요한 것만 몇 분 이내로 적는다

주, 월간 계획 작성을 포함하여 1시간 정도 적는다

자신의 마음에 들고 보기 좋을
때까지 1시간 미만으로 적는다

1~2시간 이상 들여 정성
스레 계획하고 기록한다

기타

2

5

28

30

35%

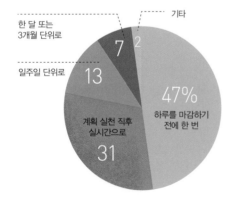

한 달 또는
3개월 단위로

기타

일주일 단위로

계획 실천 직후
실시간으로

7

2

13

47%

하루를 마감하기
전에 한 번

31

09 다이어리의 계획을 실행한 후에는 언제 돌이켜보며 피드백을 하는가?

하루에 한 번 이상 다이어리를 다시 보며 자신을 점검하고 평가한다!

다이어리 쓰는 것에 너무 급급하다 보면 종종 자신이 지금까지 어떻게 해왔는지 돌아보는 것을 잊어버리는데, 서울대생들은 대부분 하루에 한 번 또는 계획을 실천하자마자 바로 자신에 대해서 다시 점검하고 평가하는 습관이 있었다.

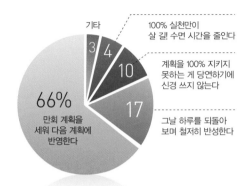

기타

100% 실천만이
살 길! 수면 시간을 줄인다

계획을 100% 지키지
못하는 게 당연하기에
신경 쓰지 않는다

그날 하루를 되돌아
보며 철저히 반성한다

66%
만회 계획을
세워 다음 계획에
반영한다

10 다이어리에 세운 계획을 지키지 못했을 때는 어떻게 하는가?

계획이 틀어지면 만회 계획을 세운다!

서울대생들은 자신이 세운 소중한 계획이 그냥 틀어지도록 놔두지 않았다. 어쩔 수 없이 계획을 지키지 못했더라도 바로 만회 계획을 세우는 습관이 있었다. 그 다음 날에 보완하든, 주말에 보완하든 한 주 간의 전체적인 계획은 최대한 지키려고 노력했다.

11 다이어리를 잃어버리면 어떻게 하는가?

마음이 아프지만, 과거일 뿐이다!

다이어리는 자신의 삶이 고스란히 담겨 있는 한 권의 책이다. 그만큼 어떤 것을 잃어버렸을 때보다 '멘붕'이 될 가능성이 높다. 하지만 서울대생들은 다이어리 그 자체의 의미보다 다이어리를 통해 발전한 자신이 더 중요하다고 생각했다. 따라서 다이어리를 잃어버리더라도 그동안 성장한 자신의 모습과 태도를 바탕으로, 새로운 다이어리를 작성하면 된다고 생각하는 경우가 많았다.

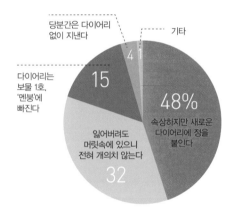

당분간은 다이어리
없이 지낸다

기타

다이어리는
보물 1호,
'멘붕'에
빠진다

48%
속상하지만 새로운
다이어리에 정을
붙인다

잃어버려도
머릿속에 있으니
전혀 개의치 않는다

★〈도전! 슈퍼모델 코리아 4〉 출연자 황현주 서울대학교 체육교육과 10학번

어떤 다이어리를 어떻게 사며 어떤 목적으로 적게 되나요?

황현주 다이어리를 사는 데 몇 시간씩 걸리는데? (웃음) 메모할 수 있는 칸이 많을수록 좋다. 옛날 공책 느낌이 나는 무제 공책에 할 일, 생각 및 감상, 쓰고 싶은 글 등을 자유롭게 메모한다. 부담 없이 생각날 때마다 쓰기에 하루에도 수십 번 쓸 때가 있다. 한 달 뒤에 쓸 때도 있고. 갑자기 떠오른 무언가를 잊어버리지 않기 위해 그때그때 든 생각들을 바로 적는다.

모델 활동을 하면 무척 바쁠 것이라 예상되는데, 다이어리를 언제 쓰나요?

황현주 〈도전! 슈퍼모델 코리아 4〉 프로그램에 참여했을 때, 숙소에서 모든 전자 제품을 사용할 수가 없었다. 외부 사람들과 이야기할 수 없는 것은 물론, 날짜와 밤낮 개념이 아예 없었다. 약간 군대에 있는 느낌이었다. (웃음) 그때 생각과 감 정을 풀어내는 용도로 일기를 꼬박꼬박 적었다. 이 소중한 경험과 추억들이 지금 생각해도 내겐 너무 큰 자산이다. 프로그램에 출연한 후로, 촬영 쉬는 시간 등 자투리 시간에 다이어리를 꺼내서 적는 습관이 생겼다.

다이어리에 어떤 내용을 적나요?

황현주 다이어리를 열어보면, 책을 읽거나 영화를 보면서 놓치고 싶지 않은 글귀 들, 그리고 그때그때 든 생각들이 가장 많이 적혀있다. 순간 느낀 것들을 놓쳐 버 리는 걸 무척 아쉬워하는 성격이기에, 다이어리에 모든 걸 담아내려고 하는 듯하 다. 좋은 글귀들을 내 손으로 직접 적을 때 그 글귀에 담긴 의미들을 내면화, 자 기화할 수 있다고 생각한다. 그런 좋은 글귀들을 꾸준히 적다 보면, 건강한 정신 상태에서 공부 또는 일하는 데에 큰 도움이 된다고 생각한다.

모델 황현주씨가 〈도전! 슈퍼모델 코리아 4〉 참가자로서 자신에 대해 PR하는 방송 장면

11/12/29

사람의 인생에서 가장 가치있는 건
값이 없는 것이다.
- "사랑하기 때문에", 기름 유소

12/01/18

뮤지컬 에비타(Musical EVITA)

일 시 : 2012년 1월 18일 오후 8시00분
장 소 : LG아트센터

A석
좌 석 : 3층 A1열 13번

예약번호 : T0143835420(1/2) [Web-황현주(010-••••-9202)]
예매일시 : 2012/01/09 01:07

35,000원
무통장 입금

주최 : MBC
제작 : 설앤컴퍼니, CJ E&M, RUG
협력 : BC라운지

인터파크 INT Tel. 1544-1555 www.interpark.com

공연(뮤지컬)을 관람한 직후 감상과 생각들을 다이어리에 적어보자. 글로 적으면 생각이 정리되면서 동시에 확장되는 경험을 할 수 있다.

문득 든 생각 또는 욕망을 글로 옮겨보자. 더불어 수업에서 배운 핵심 내용들을 나만의 언어로 정리해보자. 자아를 발견하고 만들어가는 과정을 즐겨보자!

다이어리를 쓰는 나만의 원칙이 있나요?

황현주 그 어떠한 원칙을 정해 두어도 그걸 지킬 수 없다는 걸 잘 알기에, 그냥 쓴다. (웃음) 최근에는 다양한 사람들을 만나며 생각을 자유롭게 하다 보니, 다이어리 쓰는 방식도 생각나는 대로 그냥 아

무것이나 쓴다. 누가 볼 것도 아닌데, 엉뚱한 말이든 아무 소재이든 마구잡이로 다 써본다. 격식을 차려서 쓸 때도 있고, 단어만 나열할 때도 있고, 그림만 그릴 때도 있다. 그 어떤 원칙이나 형식에 얽매이지 않는다.

다이어리 내용을 공개할 수 있나요?

황현주 절대 안 된다! Never! 오로지 혼자만 본다. 누군가 내 다이어리를 보면 나를 이상한 사람 취급할 수도 있을 것 같다. (웃음) 비밀스러운 내용을 쓰는 건 아니지만, 누군가가 보면 낯 뜨거울 것 같다. 이렇게 다이어리는 내 삶이 오롯이 녹아있기에, 몇 년만 지나도 내게 의미 있는 자산이 될 것이라고 생각한다.

다이어리란 무엇이라고 생각하나요?

황현주 다이어리란 바구니다. 생각이 떠오르는 것들을 다 받아줄 수 있는 존재. 아날로그적인 것을 좋아하기에 USB라기보다는 바구니 같다고 말하고 싶다. 흘러나오는 생각을 담는 역할 말이다. 다이어리가 시간이 겹겹이 쌓인 흔적이므로, 쌓여져 온 연속물로서의 의미가 크다고 생각한다.

PART 03

서울대생들의
독특한 다이어리
엿보기

서울대생들만의 독특한 다이어리 활용 방법과 노하우를
몰래 들여다보자. 열정과 노력의 흔적들을 느낄 수 있다.

200% 활용 다이어리

서울대학교 불어불문학과 11학번 이희수

다이어리 활용을 극대화하자!

누구나 다이어리를 작성하지만 그 방법은 사람마다 천차만별이다. 그리고 다이어리 작성으로 성적 향상의 효과를 얻기도 쉬운 일은 아니다. 여기 Part 2에 나온 15개의 액션 중 절반 이상의 액션 플랜이 담긴, 다이어리를 200% 활용한 사례가 있다. 다이어리에 어떤 요소들이 담겨있는지 하나씩 관찰하며, 어떻게 다이어리를 작성하면 좋을지 생각해보자.

● 다이어리를 정말 꼼꼼하게 작성했는데, 원래 섬세한 성격인가요?

암기할 때 외에는 기억력이 매우 안 좋아서 어제 뭘 했는지, 오늘 점심으로 뭘 먹었는지조차도 자주 깜빡하고 잊어버리는 편이다. 그래서 고등학교 3학년 때는 놓치는 것이 하나도 없도록 꼼꼼하고 세세하게 공부 계획을 메모하는 습관을 들였다. 지금 생각해보니 고등학교 3학년 때 다이어리가 없었더라면 정말 자기관리 못한다는 소리를 들었을 것 같다. 원래 그런 성격이 아니고 기억력이 너무 안 좋다 보니 어쩔 수 없이 세세하게 적게 된 케이스다.

● 다이어리를 200% 활용했을 때 얻을 수 있는 효과가 있다면?

공부를 하면서 성취감을 느낄 기회가 흔치 않은데, 실천한 사항을 체크할 때에 무언가를 해냈다는 성취감을 느낄 수 있었다. 공부하는 맛도 그때 알았다. 더불어 고3 생활이 완전히 담긴 다이어리를 보며 세상 어디에도 없는 '나만의 책'을 완성해가는 느낌이 들어 좋았다. 오히려 일기장을 쓸 때보다 부담이 적어서 작심삼일로 끝나지 않고 장기간 동안 작성할 수 있었다.

● 다이어리 작성이 부담으로 다가오거나 힘든 적은 없었나요?

크게 부담스러웠던 적은 없었다. 물론 친구와 다투거나 시험 성적이 낮게 나온 날에는 다이어리를 쓰기가 싫을 때도 있었다. 하지만 고등학교 3학년이 되던 해에, 올해 1년은 하루하루 기록하고 열심히 살자는 자신과의 약속을 했기에 그 약속을 지키려 꼬박꼬박 작성했다.

● 본인이 작성한 다이어리를 보고 모방하여 다이어리를 작성한 친구는 없었나요?

당시 친구들 사이에서 다이어리를 작성하는 것이 유행이었다. 서로 공유하지는 않았지만, 나는 연초부터 연말까지 하나의 다이어리를 이어서 썼다. 몇몇 친구들이 그걸 보고 부러워하기도 하고 자극이 된다고 말해주기도 했다.

● 다이어리를 활용하여 공부하려는 후배들에게 격려 한 마디?

다이어리는 목표 성취를 위한 최고의 수단이라고 생각한다. 장기 목표와 동기부여가 되는 명언이나 글귀들을 적어두어 자주 접하면 목표를 이루고자 하는 간절한 마음을 되새길 수 있다. 어느 대학교의 어느 과를 갈 것인지까지 목표를 구체적으로 세울수록, 그것을 성취하기 위한 노력이 저절로 수반된다. 다이어리를 적으면서 원하는 목표를 꼭 이룰 수 있기를 응원한다!

ACTION 8
실행 여부 표시

ACTION 10
순수 공부 시간 측정

ACTION 7
일관된 목표 항목 계획

ACTION 5
학습량을 숫자로 계획

ACTION 13
자신의 잘한 점 발견

ACTION 1
장기 목표 수립

ACTION 3
자기 격려로
마인드컨트롤

단기
프로젝트용
다이어리

서울대학교 물리교육과 10학번 이승헌

지금 시작해도 늦지 않았다!

"저는 지금 고3 학생인데요. 다이어리를 한 번도 작성한
적이 없어요. 다이어리를 쓰면 도움이 될 거 같은데, 너무
늦지 않았을까요?"

위와 같은 고민을 해본 학생이라면 다음 사례를 눈여겨보
는 것이 좋다. 이 사례는 고3 6월 모의평가를 본 직후에 만
든, 일명 '수능 8주 대비용 다이어리'다. 비교적 짧은 기간
동안 작성했지만, 다이어리를 통해 엄청난 성적 상승을 경
험했다고 한다. 어떤 점들이 도움이 되었는지 하나씩 살펴
보자.

● 왜 단기 다이어리를 작성하게 되었나요?

고3 6월 모의고사를 망치고, 각성하기 위해 처음으로
다이어리를 작성하여 공부하게 되었다. 공부가 안될 때
계속 들여다보면서 마음을 다잡으려고 노력했다. 다이
어리를 보며 공부를 열심히 해야 한다고 스스로를 세뇌
하곤 했다. (웃음)

● 8주 완성 계획의 틀을 어떤 방식과 순서로 세웠나요?

보통 첫 장을 제일 많이 보게 되기에 첫 페이지에 전체
적인 8주 목표(과목별 목표) 및 하루 시간 분배 계획표
를 적어놓았다.
2페이지는 수능시험을 최대한 침착하게 보기 위해 그
날 해야 할 일을 상상하며 적었고, 더불어 헷갈리는 언
어 영역 핵심 개념 또는 제일 중요한 개념을 적어두어
자주 보았다.

3페이지는 스스로 마음을 다잡기 위한 나와의 약속, 4페이지는 동기부여용 영어 명언을 적어두었다. 이 페이지들은 아침저녁으로 기도하듯이 하루에 적어도 두 번 이상은 꼭 읽었다.

5페이지는 주별, 요일별로 이 시간에 어떤 과목을 얼마나 해야 할지를 정해두었다. 큰 틀을 만드는 데는 두 시간이면 충분했지만, 그 내용을 채우는 작업은 8주가 걸렸을 정도로 내내 들고 다니면서 수정 보완했다. 계획을 세울 때는 계획대로만 하면 확실히 목표를 이룰 수 있을 만큼 완전하게 세워야 한다. 그리고 완전한 길을 똑바로 걷기만 하면 된다는 마음으로 우직하게 나아가야 한다.

● 단기용 다이어리 작성을 고3 학생에게 추천할 수 있을까요?

당연하다. 무조건 작성해야 한다! 계획을 잡아놓으면 그걸 달성하게 하는 힘이 생긴다. 그 계획에 맞게 가려고 하는 관성이랄까? 약간 상향된 목표를 잡아두면, 조금씩이나마 그 목표를 향해 가게 되는 힘을 얻고 나아갈 수 있다. 정해진 양을 모두 달성했을 때 느끼는 만족감도 최고이기에 특히 고3들은 더더욱 작성해야 한다고 생각한다. 성적 향상의 지름길을 마다할 이유가 있을까?

● 뒤늦게 다이어리를 활용하려는 후배에게 해줄 수 있는 조언이 있다면?

다이어리를 쓰면 그 자체로 동기부여가 되고, 장기적으로는 자신의 삶을 되돌아볼 수 있게 되며, 또한 각 과목의 공부량을 균형적으로 맞추는 데 도움이 된다. 정확한 목표를 달성하기 위한 가장 좋은 방법은 그것을 다이어리에 글로 써보는 것이다. 끊임없이 목표를 확인하고 나를 오롯이 그 목표에 집중하게 해보자. 성적이 보답해 줄 것이다!

자신과의 약속, 다짐이 생각날 때마다 추가하여 적었다.

126

주마다 어떤 공부를 얼마나 할
것인지 계획을 세우고, 그에 대
한 피드백을 했다. 주말에는 평
일에 미처 실천하지 못한 계획
을 보완하기 위해 비워뒀다.

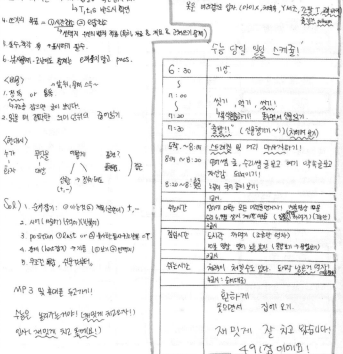

헷갈리는 개념들을 적고, 수능 시험 전
날 챙겨야 할 준비물을 적었다. 나아가
시험 당일 시간표를 적어보면서 이미지
트레이닝을 하여 자신감과 평정심을 유
지했다.

수능 8주 삶아먹

	Weekly	Weekend	
4:00	"Sleep„ / 일어나서 씻고 잠시 영상 / It's Math Time ①	"Sleep„	
5:30 / 6:00	It's Time	To Run !!!	
	식사 및 학교 갈 준비	목욕 가기.	
7:00	언어 ① 타임!	식사 및 등교	
8:00	오전 쉬는시간: 영어단어 (7x3) / 점심: "영어듣기" / 오후 쉬는시간: 짧은 독서 / 저녁: 20분간 명상 / 자습시간: 천날 하지 못한 것하기 / + 복습하기 (한뭄 체육시간등)	It's time for Test ①	8:00
		It's time for Test ②	9:30
		Lunch Time	11:20
		It's time for Test ③	12:10
		Scoring & Reviewing	1:30
7:00	수리영역 ②	독서시간	2:30
8:00	언어영역 ②	Spare Time	4:30
9:00	월수금 / 화목		6:00 / 7:00
	생물 I, 화학 I / 물리 I, 물리 II	Spare Time (주 목표)	
10:0 / 11:30	외국어 영역 ①		10:00
O	"Sleeping„	"Sleeping„	

O	언어영역	Books: 고득점 / Method: ① ② ③
	수리영역	Books: 특작 / 기본서: 숨마쿰 / Course!: ① ② ③ / Metho
	외국어영역	Books: Toefl / Method :
	물리 I	Books: Allp / 기본서: allp / course: 잔기 (과목
O	물리 II	Books: 수능 / 기본서: all / course: 잔

God, give us grace to accept with serenity the things that cannot be changed, courage to ch

ACTION 6

촘촘한 시간 계획

Project ~!!!

Curriculum

, 인·수 3권, 양도(2권), 특강파이널, (10주완성.

전전정복: (5번이상)
13개), ①시간에 5분간 3개씩 감상하기 감상능력 키우기!) 30분, 비문학 독해 (정독 skill) 20분.

+학원숙제.   ④ 문제와 눈 사이를 넓게

EBS 200제, 10주완성 2권, 인·수 공간도형.

5번이상) →숨마쿰라우데 수II →숨마쿰라우데 미적분 →숨큼 문제.
* 복습시간 (전날, 아침)

2권 ⇒ 다른 생각은 금물   ⊙ 문제와 눈 사이를 좁혀라!

제, 150제, My Note, 특강, 100문.

전복습 (3번)
사! (줄것기, 끊기를 줄이고 빠른독해)
적 (10월간 3번씩 본뒤 마지막에 복습하기)

10주완성 …; 슝다큐	하 학 I	Books: all p11 Dic, 수능특강, 10주완성. EBS 400제.
		개념서: all p11 Dic, 수능특강.
문제풀이		course: 단원별 개념복습 →문제풀이
강	생 물 I	Books: 수능특강, 하이라이트, 10주완성, 수능다큐, 새롬 N제
		기본서: 하이라이트, 수능특강.
규 +문제풀이		course. 단원별 개념복습 → 문제풀이

that should be changed, and wisdom to distinguish one from the other.

ACTION 15

약점을 보완하는
과목별 학습 전략

ACTION 5

학습량을 숫자로 계획

ACTION 2

단기 목표 수립

ACTION 3

명언을 통한 동기부여

10년 작성
다이어리

서울대학교 생명과학부 11학번 김지윤

'1만 시간의 법칙'을 들어본 적이 있는가?

어떤 일에 1만 시간을 투자하면 그 분야의 전문가가 될 수 있는데, 이를 환산하면 '10년'이 걸린다는 말이다. 10년 동안 어떤 한 가지 일을 집중적으로 끈기 있게 하면, 반복적인 성공과 성취를 이루어낼 수 있다고 한다. 여기에 다이어리를 10년 동안 작성한 학생이 있다. 13살부터 10년 동안 다이어리를 작성하면서, 어떤 분야의 전문가가 될 수 있었을까? 삶의 흔적과 발자취가 느껴지는 그 다이어리의 내막을 함께 살펴보자.

● 왜 다이어리를 작성하게 되었나요?

중학교 1학년 국어교과서에서 '메모의 기술' 단원을 배운 적이 있었다. 당시 너무 덜렁대고 자주 깜빡깜빡하는 성격이라 많이 혼났었는데, 더는 야단맞지 말자는 심정으로 다이어리를 작성하게 되었다.

● 10년 동안 다이어리를 작성하게 된 비결이 있다면?

다이어리 작성이 삶에 도움이 된다는 사실을 느끼면 꾸준히 쓸 수밖에 없는 것 같다. 기본적으로 할 일을 잊어버리지 않고, 공부를 효율적으로 할 수 있으니까. 한 가지 덧붙이자면, 다이어리를 오로지 공부 목적으로만 작성하기보다는 문득 드는 생각이나 진솔한 감정들을 적는 것도 좋고 좋아하는 글귀를 적기도 하면서 다양하게 활용하면 좋은 것 같다. 나의 경우 10년 동안 10권을 꾸준히 써왔는데, 나를 기록한다는 느낌으로 작성해

뿌듯함과 만족감을 느낄 수 있었다. 그래서 다 쓴 다이어리를 버리지 않고 모두 모아두었는데, 시간이 지날수록 그 의미가 더 커지는 것 같다.

● 10년 동안 작성한 다이어리를 통째로 잃어버리면 어떤 느낌일까요?

언젠가 한 번 다이어리를 물걸레질한 바닥에 떨어트린 적이 있었다. 순간 깊은 '멘붕'에 빠졌지만, 곧 금방 털어버리고 새 다이어리를 쓴다고 기뻐하면서 다시 작성했다. 당장은 충격으로 다가오겠지만, 잃어버리면 새로운 마음가짐으로 작성한다고 생각하고 또 열심히 쓰면 될 것 같다.

● 다이어리에 시를 많이 적어두었는데, 왜 적었나요?

그냥 시를 쓰는 것, 읽는 것 모두 무척 좋아한다. 힘들고 지칠 때, 공부가 하기 싫을 때마다 시를 읽었다. 그것이 짧지 않은 수험 생활에 큰 힘이 되고 위로가 되었다.

● 그림, 스티커, 색색 펜, 형광펜, 도장 등 다양한 방법을 활용하여 다이어리를 예쁘게 꾸몄는데, 다이어리 작성에 지나치게 많은 시간을 투자한 건 아닌가요?

다이어리는 본연의 목적을 해치지 않는 선에서 꾸미면 좋다고 생각한다. 정성 들여 꾸밀 때도 있었지만, 그렇지 않을 때도 있었다. 공부 계획 또는 필요한 내용을 적다가 잠시 시간이 날 때만 꾸미고, 그 외의 시간을 그것 때문에 할애하지는 않았다.

● 다이어리를 처음으로 작성해보려는 후배들에게 해줄 수 있는 이야기가 있다면?

다이어리 작성을 거창하게 생각하지 말았으면 좋겠다. 우선 당장 오늘 하루를 다이어리에 담아보자. 필요한 것들을 메모하고, 여유 시간이 나서 꾸미고 싶으면 꾸미고, 좋아하는 시나 글귀도 적다 보면 스트레스도 풀릴 것이다. 하루를 되돌아보면서 삶에 도움이 되는 부분이 있다고 느껴지면, 이후 일주일, 한 달, 일 년 동안 쓰는 것은 시간문제인 것 같다. 지금 당장 부담 없이 작성해보자.

다이어리에 좋아하는 시를 옮겨 적었고 지치거나 힘들 때마다 다시 읽어보며 마음의 힘을 얻었다.

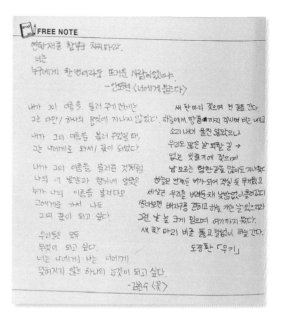

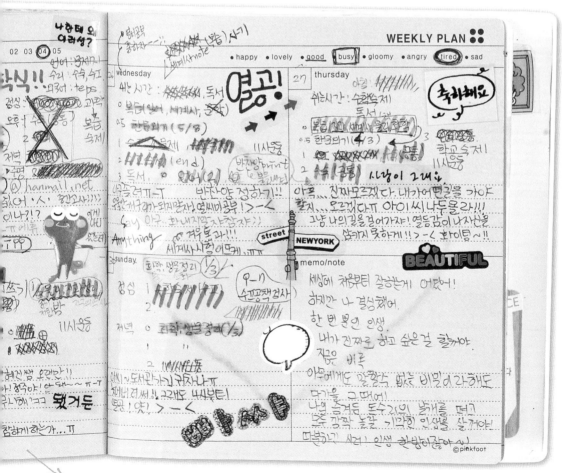

스티커와 색색 펜을 적극적으로 활용하여 그날그날 자신의 하루를 평가해보며 일주일을 되돌아보았다.

133

ACTION 8

실행 여부 표시 및
만회 계획 수립

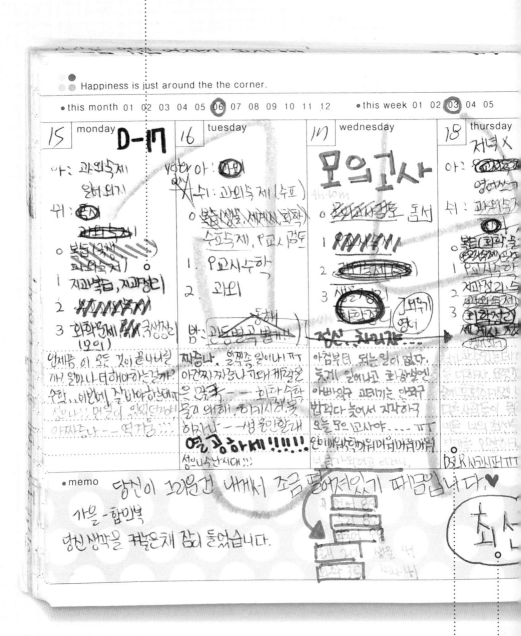

ACTION 3

자기 격려 문구로
마인드컨트롤

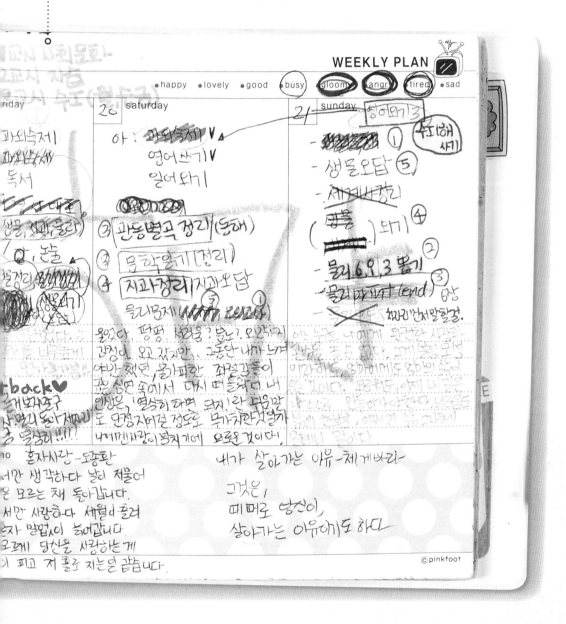

부담 없이
만드는
포스트잇
다이어리

서울대학교 체육교육과 14학번 김다솔

누구나 쉽게 할 수 있는 초심플 하루 관리법

포스트잇은 간단한 메모용으로 많이 쓰인다. 그런데 다이어리 대신에 포스트잇으로 하루를 관리한 서울대생이 있다. 작아서 간편하고 휴대하기 쉬운 포스트잇에 To Do List, 순수 공부한 시간, 계획 실천 여부 및 피드백 등 필요한 내용만 적어 만든 것이다. 부담 없는 다이어리 작성법을 찾는 친구들이라면 매일매일 꾸준하게 작성할 수 있는 초심플 포스트잇 메모 다이어리를 주목해보자.

● 왜 포스트잇을 다이어리처럼 활용하게 되었나요?

다이어리를 집에 놓고 오거나 잃어버리는 경우가 많았다. 늘 갖고 다니지도 않는 편이여서 포스트잇에 해야 할 일을 적었고, 책상 앞에 붙여서 공부할 때마다 계속 쳐다보았다. 책상 앞에 붙어 있으니 바로 눈에 띄었고, 매일매일 피드백이 즉각적으로 이루어져서 공부를 더욱 열심히 하게 되었다. 그 덕분에 억지로 써야 한다는 압박감이나 의무감에서 벗어날 수 있었다.

● 포스트잇을 버리지 않고 매번 모은 이유는 무엇인가요?

직접 적은 포스트잇이 쌓이면 쌓일수록, 공부를 열심히 했다는 느낌이 들었다. 뿌듯함, 자신감, 그리고 만족감을 느낄 수 있었다. 포스트잇에 적힌 내용을 다시 읽으면서 내가 몰랐던 부분이 어떤 것이었는지도 다시 확인할 수 있었다. 어떻게 공부를 해왔는지를 알게 되었고 공부의 방향도 설정할 수 있었다.

● 포스트잇 공간이 부족하여 활용하기에 불편하지는 않았나요?

포스트잇 공간이 부족하면 뒷면에 질문들을 적거나 새 포스트잇을 꺼내서 썼다. 무엇을 적느냐가 중요하지 어떻게 쓰느냐는 크게 중요치 않다. 포스트잇에 나를 맞추지 않고 내가 편한 방법으로 포스트잇을 활용했기에 메모 공간이 작다고 해서 큰 불편함은 없었다.

● 어떤 친구들이 포스트잇을 다이어리처럼 활용하면 좋을까요?

화려하고 예쁘게 꾸며야 한다는 강박관념이 들어 다이어리에 거부감이 느껴지는 친구, 자신의 공부 흔적을 남기고 싶은 친구, 공부하다가 생각나는 질문을 자주 잊어버리는 친구, 다이어리 작성에 너무 많은 시간을 쓰고 싶지 않은 친구들에게 강력하게 추천한다.

● 다이어리를 활용하여 공부하려는 후배들에게 조언 한 마디?

고등학교 때 꾸준히 공부하는 습관을 들이면 훗날 성공의 기반이 될 수 있다. 나는 초심플 포스트잇 다이어리를 통해 매일 자신을 되돌아볼 수 있었다. 자신이 잘한 것은 칭찬하고, 잘못한 것이 있다면 반성하며 매일 꾸준히 공부하자!

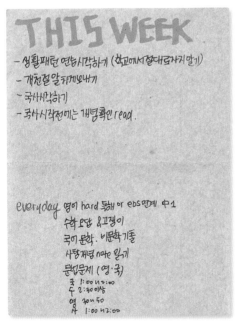

조그마한 포스트잇에 이번 주에 꼭 해야 할 일, 매일 할 일 등 필수적인 내용을 기록했다.

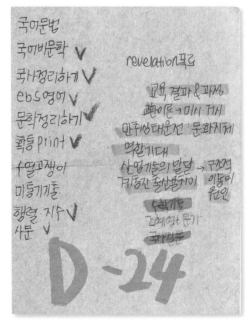

실천한 계획 옆에는 V표시를 하고, 잘 외워지지 않는 영어 단어 또는 배운 개념들도 적었다.

꾸미면서 스트레스를 해소하는 다이어리

서울대학교 인문계열 14학번 최고은

다이어리 작성으로 스트레스가 풀린다!

다이어리를 강박적으로 쓰거나 의무감을 느껴 쓰면 작심
삼일로 끝날 수 있다. 하지만 다이어리 작성은 공부가 아
니다. 다음은 다이어리를 꾸미면서 즐거움과 재미를 느끼
고, 나아가 스트레스를 해소하는 도구로 활용한 사례다.
'이렇게까지 해야 하나' 하는
생각이 들 수도 있지만, 다이어
리 작성의 '궁극체'를 감상한다
는 느낌으로 그 요소들을 하나
씩 살펴보자.

● 왜 이렇게 화려하게 꾸미게 되었나요? 스티커는 따로
구입한 건가요?

꾸미는 걸 좋아하는 성격이라 스트레스 푸는 용도로 다
이어리를 작성했다. 다이어리를 쓰면 기분이 풀렸고, 카
타르시스를 느끼기도 했다. 기분 전환용으로 작성한 느
낌이랄까.

스티커를 사는 데 시간 낭비를 하지 않도록, 연초 또는
시험 본 직후에 한 번에 많이 사놓는 편이었다. 다이어
리는 그야말로 보조적인 수단일 뿐이기에 '주객전도'가
일어나지 않도록 늘 주의했다.

● 꾸미는 데 시간이 오래 걸려 공부에 방해가 되지는
않았나요?

다이어리를 쓴다고 해서 성적이 꼭 오르는 것은 아니지
만, 유일하게 공부에 도움이 되는 활동인 만큼 수험 생
활의 활력소처럼 느끼며 재미있게 작성했다. 사실 수험

생활이 힘드니까 그 반작용으로 스마트폰 게임이나 아이돌에 빠지는 친구들이 많은데(나도 그런 적이 있다), 나는 다이어리를 작성하면서 그래도 나름 생산성 있게 스트레스를 해소한 것 같다.

● 다이어리에 적혀 있는 내용들이 무척 많은데, 알아보기 어렵지는 않았나요?

직접 썼기 때문에 알아보기 어렵지는 않았다. (웃음) 힘들 때마다 그동안 작성한 다이어리 내용을 다시 들춰보았다. 지금 생각해보니 다이어리에 공부 내용 또는 학습개념 등을 적어두어 들여다봤으면 어땠을까 하는 아쉬움이 들기도 한다.

● 친구들이 본인의 화려한 다이어리를 보면서 어떤 말들을 했나요?

대부분 친구들은 "우와~"와 같은 반응을 보여주었다. 하지만 몇몇 친구들은 다이어리를 꾸미는 데 지나치게 치중하는 게 아니냐고 핀잔을 주기도 했다. 실제로 연필로만 계획을 간단하게 작성하는 친구들이 많았기 때문이다. 그래서 나도 다이어리를 작성하는 시간을 정해두었다. 등교를 7시 20분까지 했는데, 늦어도 담임선생님이 들어오는 50분까지는 계획을 다 짜놓자고 정했다. 그 30분이 길다고 느껴질 수 있지만, 친구들하고 간단히 인사와 이야기를 나누는 시간을 생각해보면 그렇게 긴 시간은 아니었다. 그리고 야간 자습 시간이 끝나기 5분 전에는 그날 계획을 되돌아보며 '잘했어' 또는 '분발하자!'와 같은 말을 적으며 마무리했다.

● 다이어리를 활용하여 공부하려는 후배들에게 조언 한 마디?

계획 옆에 성취했다는 동그라미 표시를 그리고 싶어서 공부를 열심히 했다. 순수 공부한 시간을 적어보며 전날보다는 더 많이 해야겠다는 오기가 생겨 '어제의 나'와 경쟁하기도 했고, 마음이 초조할 때는 다짐도 적어가며 자신감을 얻기도 했다. 다이어리를 의무감으로만 쓰지 말고, 취미 생활처럼 즐거운 마음으로 작성해보면 좋을 것 같다.

2012년 Wish List

No.	Wish
1	원하는 대학 가기
2	수능만점!
3	좋은 사람 되기~~
4	嵐 concert
5	이집트 가기~!!
6	□□ □□□
7	해외 여행~
8	밀린 취미생활
9	예뻐지기

나만의 위시 리스트를 만들어 원하는 목표를
달성한 자신의 모습을 상상하며 공부했다.

목표로 하는 학과와 전형을 기록하면서 꼼꼼하게 준비했다.

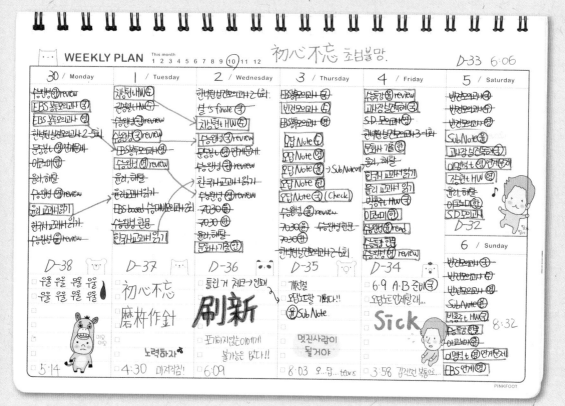

WEEKLY PLAN
This month 1 2 3 4 5 6 7 8 9 ⑩ 11 12

初心不忘 초심불망. D-33 6:06

PINKFOOT

지키지 못한 계획은 다음날 어떻게 만회했는지 표시하고, 순수 공부 시간을 체크하며, 오늘의 다짐.
계획의 실천 여부 등 다양한 액션 요소를 성실하게 표시했다.

그달의 주요 일정, 문구, 하루하루 자신의 상태 또는
모습을 한눈에 알아볼 수 있도록 적었다.

수능 D-200 | 기말고사 | 중간고

Fly 할거죠?

8 August

積功之塔, 豈毀乎? 오호~
(적) (공) (지) (탑)　　(기) (훼) (호)

공든 탑이 어찌 무너지겠는가?

Monthly Plan

주간 체크사항	Sunday	Monday	Tuesday
	JUL **7** 일 월 화 수 목 금 토 1 2 3 4 5 6 7 8 9 10 11 12 13 14 15 16 17 18 19 20 21 22 23 24 25 26 27 28 29 30 31	SEP **9** 일 월 화 수 목 금 토 1 2 3 4 5 6 7 8 9 10 11 12 13 14 15 16 17 18 19 20 21 22 23 24 25 26 27 28 29	LOVE LOVE
	5 D-8 공영~수영의극장 돌려줘 내 청춘을 돌려다오!!	6 D-7 공부하기 싫은 날은 좀 안하면 안될까요?	7 D-6 붕뜨기 그만! 입추, 말복 집중! 또 집중! 아자아자! 화이링
8/13 개학 ~8/17 원서접수 ~8/18 서류 제출 8/22~8/28 중간고사	12 D-1 한국근현대사 경영학 통론 ☒ 하아... 할 수 있어! 할 수 있어!	13 개학 쓰러지면 지는거야! 절대로 지지않아!	14 무... 이제는 D-8 멘탈붕괴라 일상 이야기 π 멘탈붕괴
	19 근로공단서류제출 벼락치기 이제는 진짜 열심히 할꺼야!	20 하야가 꼬이고 꼬이고 꼬이다... 그래도 괜찮아 안전 나쁨	21 어느내... D-1 이제는 신의 손에 달려있을 뿐
	26 엄마진짬 괜찮아~토닥 토닥 괜찮아···괜찮아 괜찮아···	27 한국근현대사 문명 나 시무룩돼서 서우아씨	28 태풍으로 휴교! 사회문화 영어독해와작문

有志者, 뜻이 있는 사람은

事竟成也. 일이 마침내 이루어진다.

수능파이널
1차특강
이제 수능 준비도 막바지로 접어든 때.
영역별 고득점 비법과 마무리 핵심정리까지
수능 필승 강의로 구성하였습니다.

2013 수시
대학별강좌
대학별 수시모집 전형에 따른 맞춤강좌
전공적성 파이널 강좌 및 모의고사까지
목표대학/학과에 맞춰 철저히 준비하세요.

よかった♥♥

8

나름의 자기반성과 평가를 적으면서 어떻게 한 달을 보냈는지 명확히
파악하고 스티커를 붙이면서 스트레스를 해소했다.

145

자신과의 대화 창구, 다이어리

서울대학교 기계항공공학부 09학번 이혁

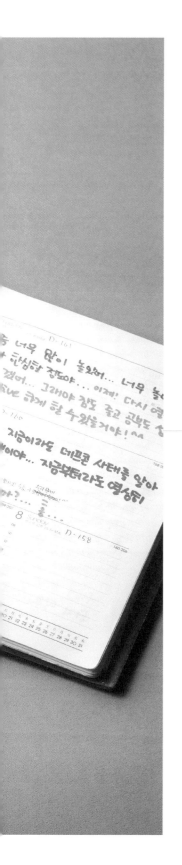

자신과의 소통 공간으로써 활용해보자!

다이어리는 공부하면서 드는 생각, 감정들을 모두 풀어낼 수 있는 은밀하고 사적인 공간이다. 다른 사람들에게 보여주기에는 조금 부끄러울 수 있지만, 내면의 자아와 마주할 수 있는 유일한 공간이자, 생각을 정리하면서 자신을 더 잘 알아갈 수 있는 내면의 공간임은 틀림없다. 여기에 조금은 특별한 방식으로 자신과 대화를 한 사례가 있다. 어떤 말들을 적었고, 어떤 방식으로 자신과 소통했는지를 자세히 살펴보자.

● 왜 형광펜, 색색 펜 등을 다양하게 활용했나요?

여러 색상을 활용하면, 눈에 띄어 기억에 더 잘 남을뿐더러 자극을 강하게 받을 수 있었다. 목표나 다짐 또한 다이어리에 적어두면 마음을 다잡는 데 도움이 되었다. 그러다 한 번 귀찮아서 다이어리를 잠시 쓰지 않을 때가 있었는데, 작성할 때와 작성하지 않을 때 차이가 크게 난다는 걸 몸소 느낄 수 있었다.

● 다이어리를 펼쳐볼 때마다 자극이 많이 되었나요?

다이어리 표지에 붙어 있는 사진이 기계항공공학부 건물이다. 목표를 정한 후 맨 앞에 붙였는데, 사진을 볼 때마다 '할 수 있다'는 자신감을 얻을 수 있었다. 이따금 슬럼프가 찾아와 초심을 잃을 즈음에도, 스스로 했던 다짐이나 약속을 보며 마음을 다잡는 데에 크게 도움이 되었다.

● 다이어리에 자신과의 대화를 적을 때 얻은 효과는 무엇인가요?

다이어리를 통해 자신과 대화하면서 자신감을 얻고 공부를 해나가는 힘을 얻을 수 있었다. 나중에 대화한 내용을 다시 살펴볼 때도, '이땐 그랬지. 그래, 이때 이런 다짐을 했으니 나약해지지 말자'고 되뇌며 공부하는 추진력을 얻을 수 있었다.

● 친구들이 다이어리를 본 적 있나요? 있다면 어떤 말을 해주었나요?

담임 선생님이 내 다이어리를 다른 친구들에게 보여준 적이 있었다. 친구들에게 내 다이어리를 보여주며 배우고 본받으라고 말해주었는데 그 이후로 부끄러워서 아무에게도 보여주지 않았다. 감정을 솔직하게 풀어낸 개인적인 공간이니 친구들과 공유할 필요까지는 없는 것 같다.

● 다이어리란 어떤 존재인가요?

'형' 같은 존재다. 제대로 하지 못하고 있을 때 조언, 질책, 통제, 관리를 해주는 역할. 나를 다잡아주는 존재라고나 할까?

● 다이어리를 활용하여 공부하려는 후배들에게 한 마디?

수능까지 긴 시간 동안 준비를 하면서 하루도 빠지지 않고 공부하는 게 정말 쉽지만은 않겠지만 하루하루의 공부가 그래서 무척 중요하다고 생각한다. 다이어리를 통해 자신의 위치와 목표를 확인하면서, 편안한 마음으로 공부를 진득하게 해나갔으면 좋겠다. 조급해하지 않고 꾸준하게 공부해서 원하는 목표를 이루길 진심으로 바란다.

> 일년 남은 각오 한 마디!!
> 앞으로의 일년은 절대로 헛되이 보내지 않도록 피션의 노력을 다 하겠습니다! 이제부터 시작입니다! 저의 능력을 보여주겠습니다!!! \20<\
> 11/18 Saturday.
>
> 각오 다질때는 언제고...
> 남자 새끼가 한입으로 두 말하지 않아라.. 알겠냐?...

수능 1년 전, 각오를 다지는 말을 적었다. 바로 다음 날 나태해진 자신을 채찍질하며 의지를 재차 다졌다.

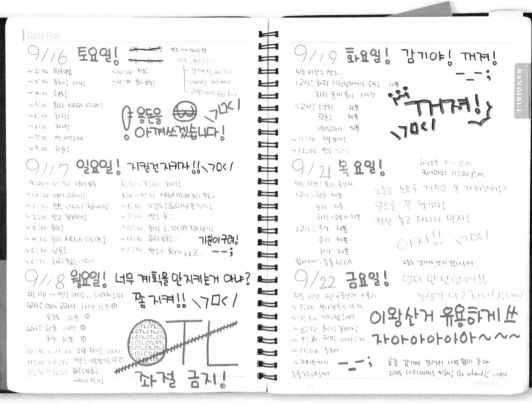

스스로 격려하는 말을 하면서 공부를 꾸준히 해나갈 힘을 얻는다.

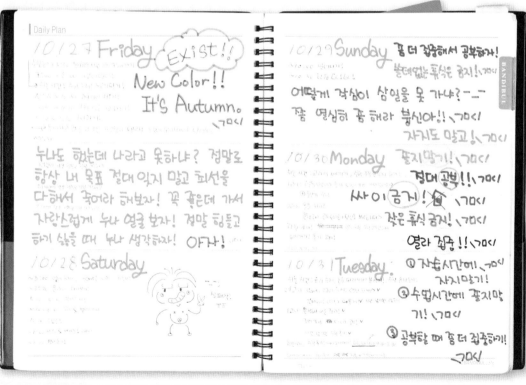

목표 달성을 위한 노력이 작심삼일로 끝나지 않기 위해, 앞으로의 계획을 눈에 띄도록 크게 적으며 자극을 받았다.

삶에 대한 깊은 고민이 담긴 다이어리

서울대학교 에너지자원공학과 13학번 조우성

인생의 청사진을 그려보며
다이어리를 작성하자!

인생의 큰 그림을 그려본 적이 있는가? 미래 자신의 모습을 상상하며 청사진을 그리면, 장기적인 안목으로 하루하루를 살아갈 수 있다. 그러므로 자신의 청사진을 다이어리에 적어두는 것이 좋다. 그러면 다이어리를 꺼내볼 때마다 스스로 동기부여가 되고 힘을 얻으며 나아갈 수 있기 때문이다. 다음 사례는 자신의 삶에 대한 고민의 흔적을 여실히 보여준다. 단순한 수험 생활뿐만 아니라 삶을 살아가는 데 필요한 덕목들을 내면화시키기 위한 노력을 살펴보자.

● 다이어리에 삶에 대한 고민의 흔적을 적어두었을 때 얻을 수 있는 효과가 있다면 어떤 것이 있을까요?

우선 다이어리라는 '나의 공간'에 차근차근 적어 간다는 그 자체만으로도 삶의 체계를 부여해주는 느낌이었다. 특히 목표나 다짐의 경우 '적어놓았다'는데 의미가 있었다. '내일부터 진짜 열심히 해야지. 정말 집중력 있게 공부를 해야겠다'라고 생각은 하지만, 금세 잊어버리고 습관대로 하게 되는 경우가 많지 않나? 하지만 적어놓으면 잊어버리지 않고 계획화, 목표화될 가능성이 더 커지는 것 같다. 더불어 다이어리는 휴지와 같다고 생각한다. 내 감정을 마음대로 풀어낼 수 있는 공간이자, 잡념에 빠지지 않고 공부의 궤도에서 탈선하는 걸 방지하기 위한 공간. 이런 공간은 공부하는 사람에게 꼭 필요하다고 생각하는데 하고 싶은 것, 기억해야 하는 일 등을 글로 적으며 마음의 안정을 찾을 수 있었다.

● 다이어리를 작성할 때 무엇을 가장 염두했나요?

체계성이었다. 체계성을 갖추면 좋은 점이 네 가지가 있다. 첫째, 3년 동안 무엇을 할지 혹은 무엇을 했는지를 명확히 파악할 수 있어서 막연한 불안함을 없앨 수 있다. 덤으로 뿌듯함도 얻을 수 있다. 둘째, 내신 또는 모의고사 시험이 끝난 직후에도 안일해지지 않고 꾸준히 열심히 할 수가 있다. 셋째, 계획을 못 지켰을 때도 언제 보충할지 등 계획 수정이 훨씬 더 수월해진다. 넷째, 처음부터 큰 청사진을 가지고 계획을 세우기 때문에 자연스럽게 이 시기에는 무엇이 필요한지를 바로 알 수 있고, 방황하는 시간을 최소화할 수 있다.

수첩의 앞부분은 하루하루 계획을 세우고 뒷부분은 목표와 다짐들을 적었다. 또 여백에 좋은 주변 사람들의 이야기를 적었다. 예를 들어 '힘내'라며 안아주셨던 영어 선생님의 모습과 격려의 말, 나에게 '될 놈'이라고 말해준 친구들의 이야기 등을 말이다. 다이어리를 보며 그 순간을 떠올리기만 해도 힘이 났고, 스스로 '될 놈'이라고 계속 상기시키는 효과도 있었다.

이렇듯 수험 생활을 단순히 입시를 위한 시간이라고만 생각하지 말고, '나'라는 사람을 오롯이 만들어가는 과정이라고 생각해보면 좋을 것 같다.

● 다이어리에 공부 계획은 어떤 식으로 세웠나요?

궁극적 목표였던 서울대 입학이라는 목표를 세운 뒤, 다시 3년 계획을 세웠다. 만약 지금 1학년이라면 고3이 되기 전에 필요한 것들을 생각하며 12개월 동안 과목별로 계획을 세웠다. 예를 들어 영어 듣기가 약하면 3개월 동안 집중적으로 영어 듣기를 하고, 수학이 약하면 1개월 동안 목차를 기준으로 미적분 개념을 확립하고, 그다음 2개월은 문제풀이를 하는 식으로 계획을 세웠다. 이렇듯 큰 청사진을 먼저 그리고 세부적으로 세워나갔다.

● 다이어리를 활용하여 공부하려는 후배들에게 한 마디?

공부할 때 그냥 무작정 공부하지 말고 '청사진'을 먼저 그려놓고 하면 좋겠다. 그러면 자신이 세운 큰 그림을 실현하기 위해 진정으로 노력하게 된다. 지금 당장 '나'라는 흰 도화지에 청사진을 그려보자!

Memo 수험생 공부 십계명   **Memo**

1. 수능은 개념싸움이 아니라, 숙제는 공부싸움이다.
2. 자습이 최고의 방법이다.
3. 자기 자신을 객관적으로 진단하라.
4. 개념과 기초는 문제풀이에 앞선다. / 연습문제는 탐구영역에 앞선다.
5. 반드시 오답정리하라.
6. 기출문제 공부가 0순위다.
7. 내신 공부는 학교수업+교재 읽기로 끝내라.
8. 계획과 시간에 대한 부담은 갖지 말라.
9. 취약과목 비중을 높여라의, 발 짧은 과목은 붙여서 연습.
10. 월별, 학기별 *Goal*을 정하라.

         수험생 생활 십계명
1. 아침밥은 꼭 먹어라.
2. 운동이나 스트레칭을 매일 해라.
3. 깊은 밤에 충분히 자라.
4. TV, 컴퓨터, mp3와 담쌓아라.
5. 자신만의 바구니 또는 필통함을 만들어라.
6. 되도록 학교에서 떠나지 마라.
7. 옆 사람과 경쟁하지 마라.
8. 늘 자신을 믿고 긍정하며, 넘어지면 다시 일어나라.
9. 항상 최고의 목표를 세워라.
10. 10년 뒤를 생각하라.

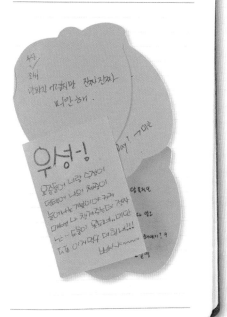

성적 향상뿐만 아니라 성숙한 인간이 되도록 수험생 공부 십계명과 생활 십계명을 적었다.

---

19 (11·25 戊申)
Monday(월)
353-12 Week 51   **12 December**

② 침착
i) 시험시 당황하지 않기 – 마지막 순간까지 침착하는 습관
ii) 평소에 침착하기
iii) 돌발 상황에서도 당황하지않는 연습
iv) 아무리 어려워도 아무리 쉬워도 평온하게
v) 컨디션 때문에 초조해하지 않는다.

③ 겸손
i) 나에게 겸손하여 중심을 지키기 (성실, 인내, 여유, 평온)
ii) 남에게 겸손하게, 이웃을 위해서가 아니라 당신을 위해 (신뢰·공존)
iii) 사람과 사물과의 거리는 낮추어 같게 보기, 반듯하게 내려놓기로하라
iv) 수험생 내내 겸손한 태도로 임함

09   14
10   15
11   16
12   17
          18

12 土金木水火月日土金木水火月日土金木水火月日土金木水火月
DEC 1 2 3 4 5 6 7 8 9 10 11 12 13 14 15 16 17 18 19 20 21 22 23 24 25 26 27 28 29 30 31
12·19 Easter said than done. (Maxim)

2011   (11·26 己酉)
          Tuesday(화)
          354-11 Week 51   **20**

※ 계획에 대한 계획
· 목표를 1번, 학기, 달, 주, 하루 단위로 세운다.
· 자가 진단으로 수업 파악 후 시간 배분한다.
· 실천 시간에 대한 계획만 짠다.
· 시간이 나면 사고 추가적인 계획을 짠다.
· 예습·복습은 단위 0.0로 시간을 갖는다.
· 피드백은 매일 한다. (계획 셀체 여부)
· 계획 시간은 하루 기준 3분 초과시 시간으로 꾸림
· 하루 (예) 기본시간(상) 하루(중) 일일계 목표(상)이 기본습관.
· 계획이 초조함을 대신하지 않는다.

12/1 (언제까지 끝냈으면 명심하기, (해야시간 약 2분 한에서)^.^)
1. 누의 외모에 관해. 2. 설온경제에 관해.
3. 내의 연지에 관해. 4. 내의 미래에 관해.

09   14
10   15
11   16   **12**
12   17
          18

1 土金木水火月日土金木水火月日土金木水火月日土金木水火月
JAN 1 2 3 4 5 6 7 8 9 10 11 12 13 14 15 16 17 18 19 20 21 22 23 24 25 26 27 28 29 30 31
말하기는 쉽고 실천은 어렵다. (격언)   12·20

계획을 세우는 데에 너무 오랜 시간이 걸리지 않도록, 계획을 세우는 자신만의 방법을 적었다.

★〈히든 싱어〉 출연 서울대 휘성 박준영 서울대학교 전기정보공학부 08학번

© Jtbc 히든싱어

다이어리를 어떻게, 왜 쓰게 되었나요?

박준영 중요한 시험을 앞두고 있을 때, 달력 양식에 시험 범위를 고려하여 학습 계획을 세우는 편이었다. 일별로 어떤 과목을 얼마나 공부할지, 계획 자체를 구체적으로 세웠다. 수학을 예로 들면, 이차함수 판별식 Part는 어디서부터 어디까지 공부를 할지 정하는 식이었다. 하루 목표를 달성하면 스스로에게 상을 주었고, 그렇지 않으면 스파르타식으로 스스로를 몰아쳤다. 오늘 50페이지를 보기로 한 계획을 실천하지 못했으면, 잠을 줄이고 적어도 30페이지까지는 보고 자려고 했다. 스스로 동기부여를 하고, 자신의 수준과 성장 정도를 파악하기 위해 다이어리를 활용했다.

과학고 출신이라 기숙사 생활을 했는데, 오전 6시 30분이 기상 시간이었다. 보통 새벽 4시에 자는 경우가 많았는데, 하루 목표를 달성하면 일찍 잠에 들곤 했다. 학교 분위기가 굉장히 경쟁적이어서 새벽 1시까지 자습이 끝나도 모두 개인 스탠드를 가지고 와서 공부할 정도로 승부욕이 대단했다. 따라서 나도 지지 않으려고 늦게까지 공부를 하는 경우가 많았다. 그래서 항상 잠이 부족한 상태였다. 쪽잠을 자는 경우도 정말 많았는데, 계획한 바를 이루었을 때 스스로 수면 시간을 상으로 주었다.

다이어리 작성 시 얻을 수 있는 가장 큰 효과는 무엇인가요?

박준영 공부를 할 때 동기부여가 가장 중요한데, 다이어리는 스스로 동기부여 시킬 수 있는 가장 치명적인 도구라고 생각한다.

수학 공부를 할 때는 책에 있는 모든 문제를 채점하고 나서 똑같은 유형을 틀리지 않기 위해 구체적으로 어느 부분에서 실수했는지를 적곤 했다. 한 권으로 모든 걸 끝내고 싶은 마음이 있어서, 《수학의 정석》 안에도 문제마다 채점을 하고 일일이 피드백을 적었다. 예를 들어 'X>0'라는 조건을 잊어버려서 틀린 경우, 빨간색 펜으로 나에게 말하듯이 이유를 적었다.

맞았는데 조금 애매하게 맞은 것도 틀렸다고 생각하고 다 적었다. 맞았지만 조금 애매하게 찍어서 맞은 문제, 정말 몰라서 틀린 문제, 계산 실수로 틀린 문제 등을 꼭 적었다. 그러면 다시 돌아보면서 같은 실수를 반복할 확률이 확실히 줄어들었다. 특히 말하듯이 글을 적었기에 확 와 닿는 느낌이 있었다. '너 이거 틀렸어, X>0 조건, 다음부턴 절대 잊어버리면 안 돼. 조심해야 해.' 하는 식으로 적으니 동기부여가 제대로 되는 느낌이었다.

학습 계획표의 경우에는 깔끔하게 컴퓨터 문서로 작성했다.

내게 다이어리란?

박준영 다이어리는 그때그때 자신의 모습을 보여주는 거울 같은 존재이다. 자신의 실제 수준이 구체적으로 어디까지 와 있고 부족한 게 무엇인지를 적나라하게 보여준다. 실제로 카메라에 찍힌 자신의 모습을 모니터링 하면, 자신이 미처 깨닫지 못한 부분까지 발견하고 자각할 수 있듯이 다이어리도 자신의 실재(實在)를 보여주는 역할을 한다고 생각한다.

다이어리 작성이 작심삼일로 끝나지 않기 위한 나만의 방안이 있다면?

박준영 다이어리 작성에 재미를 느낄 수 있는 요소가 필요하다. 그 방법 중에 하나가 그날의 성과에 대해 느낀 점을 줄글로 풀어쓰는 것이다. 옆에서 친구가 말해주듯이 그날그날 자신을 평가해보자. '오늘은 잘했다', '솔직히 오늘은 많이 잤고 열심히 안 했다', '오늘은 친구들과 게임하러 가느라 시간을 허비하지 않았나?' 하는 식으로 스스로에게 피드백을 했다. 이렇듯 자신이 다이어리를 작성하는 데 재미를 붙일 요소를 만들어야 하고, 필요에 의해 쓰는 만큼 다이어리 자체가 목적이 아니라 수단으로서 활용하며 적을 수 있어야 한다.

다이어리를 활용하여 공부하려는 후배들에게 격려 한 마디?

박준영 남이 시켜서 하는 공부, 남의 기대를 충족시키기 위한 공부는 좋은 결과가 나올 수 없고, 설령 나온다고 하더라도 회의감이 들 수밖에 없는 것 같다. 본인이 욕심을 가지고 스스로를 동기부여하면서 공부한다면 좋은 성과가 나올 것이고, 이에 더욱 욕심을 부리게 되는 이른바 '양성 피드백 효과'가 나올 것이다. 이처럼 다이어리는 공부할 때 가장 효과적으로 동기부여를 할 수 있게 도와주는 훌륭한 수단이다. 오늘부터 다이어리를 의무감으로 쓰지 말고 장기 목표를 달성하기 위한 수단으로 생각하며 알차게 활용해보는 것은 어떨까?

Thanks to | 이 책이 나올 수 있도록 학창 시절 소중한 다이어리를 제공해 준
서울대생들에게 감사드립니다.

다이어리를 제공해 준
100명의 서울대생들

ㄱ

감희진   서울대학교 자유전공학부 14학번
강동혁   서울대학교 에너지자원공학과 13학번
강종호   서울대학교 농경제사회학부 08학번
강진호   서울대학교 체육교육과 07학번
고영민   서울대학교 재료공학부 10학번
고지연   서울대학교 국어교육과 12학번
권태정   서울대학교 간호학과 10학번
김경오   서울대학교 재료공학부 13학번
김다솔   서울대학교 체육교육과 14학번
김민혜   서울대학교 의예과 11학번
김보미   서울대학교 국어교육과 13학번
김성훈   서울대학교 기계항공공학부 10학번
김수덕   서울대학교 전기정보공학부 10학번
김윤주   서울대학교 서양사학과 14학번
김재환   서울대학교 원예생명공학과 13학번
김정훈   서울대학교 역사교육과 08학번
김준형   서울대학교 전기전보공학부 10학번
김지윤   서울대학교 영어교육과 13학번
김지윤   서울대학교 생명과학부 11학번
김지훈   서울대학교 심리학과 11학번
김태완   서울대학교 바이오시스템소재공학과 08학번
김홍준   서울대학교 경제학과 12학번

ㅂ

박근우   서울대학교 동물생명공학과 10학번
박시연   서울대학교 경제학과 10학번
박인국   서울대학교 생명과학부 10학번
박인태   서울대학교 국어교육과 08학번
박준영   서울대학교 사회학과 09학번
박준영   서울대학교 전기정보공학부 08학번
박준혁   서울대학교 체육교육과 11학번
박초흔   서울대학교 인문계열 14학번
박하윤   서울대학교 불어불문학과 13학번

방 진   서울대학교 응용생물화학부 13학번
배연아   서울대학교 사회교육과 13학번
배지현   서울대학교 식품영양학과 11학번
백유미   서울대학교 화학교육과 10학번
백하영   서울대학교 소비자학과 13학번

ㅅ

서지훈   서울대학교 응용생물화학부 10학번
성소민   서울대학교 물리교육과 13학번
성우경   서울대학교 수리과학부 14학번
손정화   서울대학교 체육교육과 13학번
승현찬   서울대학교 재료공학부 08학번
신형철   서울대학교 재료공학부 10학번

ㅇ

안태준   서울대학교 정치외교학부 13학번
양미소   서울대학교 공업디자인과 12학번
양준영   서울대학교 체육교육과 10학번
양준혁   서울대학교 체육교육과 13학번
양 현   서울대학교 재료공학부 05학번
양혜경   서울대학교 체육교육과 10학번
엄호정   서울대학교 지리교육과 11학번
연혜민   서울대학교 수리과학부 08학번
오성현   서울대학교 지리학과 10학번
원현호   서울대학교 경제학과 10학번
유관호   서울대학교 재료공학부 10학번
유승진   서울대학교 물리교육과 10학번
유한창   서울대학교 체육교육과 10학번
윤솜이   서울대학교 체육교육과 10학번
이경은   서울대학교 경영학과 10학번
이광진   서울대학교 전기정보공학부 14학번
이대하   서울대학교 지구환경과학부 14학번
이동재   서울대학교 지구환경과학부 14학번
이 삭   서울대학교 체육교육과 10학번

이상효　서울대학교 기계항공공학부 12학번
이소혜　서울대학교 작곡과 14학번
이승헌　서울대학교 물리교육과 10학번
이원형　서울대학교 약학과 08학번
이유성　서울대학교 식품영양학과 10학번
이유진　서울대학교 소비자학과 10학번
이인서　서울대학교 체육교육과 14학번
이정민　서울대학교 고고미술사학과 13학번
이종호　서울대학교 기계항공공학부 13학번
이종호　서울대학교 경제학과 09학번
이창형　서울대학교 경제학과 11학번
이충헌　서울대학교 체육교육과 10학번
이 혁　서울대학교 기계항공공학부 09학번
이희수　서울대학교 불어불문학과 11학번
임승현　서울대학교 농경제사회학부 13학번

ㅈ
장인영　서울대학교 조소과 12학번
전다솜　서울대학교 정치학과 11학번
전혁주　서울대학교 작곡과 14학번
정문배　서울대학교 자유전공학부 10학번
정서희　서울대학교 전기정보공학부 11학번
정원재　서울대학교 기계항공공학부 13학번
정재원　서울대학교 동양학과 09학번
정한돌　서울대학교 경제학과 11학번
조성훈　서울대학교 경제학과 10학번
조세원　서울대학교 경영학과 14학번
조연수　서울대학교 체육교육과 10학번
조우성　서울대학교 에너지자원공학과 13학번
조유석　서울대학교 사회교육과 11학번
조정윤　서울대학교 미학과 14학번
조준희　서울대학교 체육교육과 10학번

ㅊ
최고은　서울대학교 인문계열 14학번
최관모　서울대학교 기계항공공학부 09학번
최예진　서울대학교 인문계열 14학번
최유석　서울대학교 경영학과 10학번

ㅎ
허윤행　서울대학교 수리과학부 12학번
허재혁　서울대학교 기계항공공학부 09학번
홍서현　서울대학교 불어교육과 12학번
황은하　서울대학교 역사교육과 13학번
황현주　서울대학교 체육교육과 10학번

서울대생 100인의 시크릿 다이어리

1판 1쇄 발행 2015년 2월 16일
1판 2쇄 발행 2015년 3월 20일

지은이 양현, 조준희

발행인 양원석
본부장 김순미
책임편집 양성미
디자인 박재원
해외저작권 황지현, 지소연
제작 문태일, 김수진
영업마케팅 김경만, 정재만, 곽희은, 임충진, 이영인, 장현기, 김민수,
　　　　　　 임우열, 윤기봉, 송기현, 우지연, 정미진, 이선미, 최경민

펴낸 곳 ㈜알에이치코리아
주소 서울시 금천구 가산디지털2로 53, 20층 (가산동, 한라시그마밸리)
편집문의 02-6443-8844　　**구입문의** 02-6443-8838
홈페이지 http://rhk.co.kr
등록 2004년 1월 15일 제2-3726호

ISBN 978-89-255-5549-2 (43370)

RHK 는 랜덤하우스코리아의 새 이름입니다.